ESSAI

DE

RÉFORME CONSTITUTIONNELLE

1887

PARIS

LIBRAIRIE GUILLAUMIN ET Cⁱᵉ

Éditeurs du *Journal des Économistes*, de la *Collection des principaux Économistes*,
du *Dictionnaire de l'Économie politique*,
du *Dictionnaire du Commerce et de la Navigation*, etc.

RUE RICHELIEU, 14

ESSAI

DE

RÉFORME CONSTITUTIONNELLE

1887

PARIS

LIBRAIRIE GUILLAUMIN ET Cⁱᵉ

Éditeurs du *Journal des Économistes*, de la *Collection des principaux Économistes*,
du *Dictionnaire de l'Économie politique*,
du *Dictionnaire du Commerce et de la Navigation*, etc.

RUE RICHELIEU, 14

AVANT-PROPOS

Notre pays souffre politiquement d'un malaise dont chacun se rend compte, mais auquel on ne sait comment parer.

Le suffrage universel, si juste dans son principe, reste dans la pratique un régime inégal, aléatoire et énigmatique.

Le peuple élit ses représentants en si grand nombre qu'il faut une double Assemblée pour les réunir, et ces deux Assemblées, qui sont fatalement rivales, sont encore trop tumultueuses pour qu'on y puisse traiter avec maturité les affaires de l'État. Elles sont en outre, au grand dommage de la stabilité administrative, atteintes de la fièvre intermittente du parlementarisme; de sorte qu'en laissant à part quelques travaux méritoires, comme la réorganisation de l'enseignement public, leur besogne, on peut le dire, se résume en changements ministériels, en hostilités mutuelles ou en transactions boiteuses, en budgets tardifs et en quelques lois de détails inspirées par les nécessités du moment.

Les citoyens voient se succéder avec inquiétude, au milieu des tâtonnements et des redites, des applications très peu satisfaisantes, d'un système qu'on leur avait, à juste titre, présenté comme devant produire le plus parfait des gouvernements.

En présence de ces essais décevants, ils en sont réduits à se reconnaître impuissants, car ils ne conservent pas devers eux aucune action sur leurs représentants, et leur droit d'initiative n'est pas bien déterminé. Les mandataires du peuple, une fois élus, sont les maîtres du pays; aucun contrôle ne les retient;

rien ne s'oppose à ce qu'ils s'arrogent les privilèges qui peuvent leur convenir et rien ne les force à exécuter leurs programmes.

D'autre part, l'administration est entre les mains d'un chef irresponsable et irrévocable qui pourrait, s'il le voulait bien, se transformer du jour au lendemain et de sa propre autorité, en dictateur. Il y a là un danger dont le peuple se rend compte. Un danger, et en même temps un contre-sens, qui choque la logique française. Car, comment comprendre qu'un Parlement, en déléguant l'administration à un agent de son choix, s'interdise, soit de remplacer, s'il y a lieu, cet agent, soit de réprimer ses manquements. Comment ne pas reconnaître que désormais toute suprématie appartenant au peuple — et secondairement au Parlement, représenté par son président — le fonctionnaire appelé encore Président de la République, n'est en réalité qu'un chef de services administratifs?

Le principe de la démocratie, c'est-à-dire le principe du gouvernement populaire, est bien entré dans notre esprit; il fait partie de nos vœux, et commence même à pénétrer nos mœurs; mais il n'est pas encore encastré dans nos lois.

La loi constitutionnelle elle-même n'est pas suffisamment démocratique; là est sans doute la cause de nos embarras et de nos piétinements.

Il est à souhaiter que cette loi soit mise bientôt d'accord avec le virement qui s'est opéré dans notre direction sociale, non point de manière à favoriser l'accession de tel ou tel parti, mais de telle sorte que tous les groupes, toutes les fractions de l'opinion aient dans la réglementation des affaires du pays, la part qui leur revient équitablement et pour ainsi dire mathématiquement.

Le jour où la France aurait un statut bien approprié à son orientation politique, débarrassé en même temps des nombreuses causes d'impuissance qui entravent aujourd'hui tout progrès, et confirmé par la sanction populaire, il y aurait chez elle un grand apaisement, et son génie pourrait reprendre un large essor.

Mais comment toucher au pacte social? Comment mettre en œuvre la machine constitutionnelle? Et sur quels points faut-il donc faire porter les réformes statutaires?

C'est là qu'on s'arrête et qu'on s'embarrasse.

Les uns disent : « à quoi bon s'occuper encore une fois de la

« Constitution ? Rien n'est instable comme cette loi prétendue
« fondamentale. Depuis moins d'un siècle, nous l'avons changée
« neuf fois, sans parler des remaniements de détail que nous lui
« avons apportés chaque jour. — Ce sont, ajoute-t-on, les hommes
« et non les Chartes qui font les bons gouvernements. — Avec
« une mauvaise Constitution, le pays a pu être, à certains mo-
« ments, heureux et prospère ; les bonnes Constitutions, si tant
« est qu'il y en ait eu, n'ont pas su détourner de lui l'infortune.
« — La meilleure des Constitutions serait de n'en pas avoir ;
« la moins mauvaise est toujours celle que l'on a à l'heure ac-
« tuelle ».

Beaucoup de personnes, éprises de scepticisme, partagent ces
sentiments, et aussitôt que le mécanisme gouvernemental et législatif produit exceptionnellement, quelque bonne mesure, dès
qu'une accalmie se produit dans la mer agitée du Parlement, ces
personnes se félicitent et se remettent à espérer. « Choisissons
pour mandataires des hommes sages », disent-elles, « et tout ira
bien ».

Ils ne pensent pas, ceux qui s'expriment ainsi, que l'homme
sage cesse souvent de l'être, quand aucun lien ne le retient contre
les suggestions de l'ambition et de l'intérêt ; que sa raison s'al-
tère presque inévitablement, ou se trouve tout au moins neu-
tralisée quand il se voit mêlé à une Assemblée délibérante de
900 membres comme le Congrès, ou même seulement de 600
comme la Chambre des députés.

La théorie négative qu'ils soutiennent était bonne sous la Monarchie, alors que le peuple n'avait réellement d'autre espérance
à concevoir que celle de posséder un bon roi. Mais elle ne saurait plus se soutenir sous le régime impersonnel et pour ainsi dire
mécanique de la démocratie, où tout se produit et se décide en
vertu de lois générales, et où les hommes n'ont d'ailleurs individuellement qu'un crédit fort restreint.

Comment admettre raisonnablement que le contrat passé entre
le peuple et ses mandataires reste indécis ? En est-il un plus important, plus essentiel ?

La Constitution n'est en définitive qu'un pacte conclu entre
le corps électoral et les députés ; c'est, si l'on veut, une Charte
octroyée par le peuple. Or, le propre des contrats n'est-il pas
précisément de prévenir les litiges et d'assurer, par des disposi-

tions claires et pratiques, les bons rapports des parties contrac-
tantes?

D'autres personnes, sans contester l'avantage qu'il y a pour
une nation, — aussi bien que pour une société anonyme, — à
posséder de bons statuts, se tiennent en garde contre les secousses
auxquelles les changements constitutionuels donnent lieu com-
munément. Mieux vaut, dans leur esprit, endurer patiemment
un malaise chronique que de tenter une cure presque toujours
accompagnée de révolution.

Cette opinion pousse un peu trop loin l'esprit de prudence.

Une refonte constitutionnelle peut parfaitement avoir lieu en
pleine paix, sans que la marche des affaires soit en aucune façon
entravée. Que le Congrès charge de ce soin une commission prise
dans son sein, ou, mieux encore, qu'il fasse élire par les départements un certain nombre de députés *ad hoc*, investis d'un
mandat exclusivement constitutionnel, ce travail peut être en-
trepris et continué sans que le Parlement et l'administration actuels cessent de fonctionner.

Sa bonne exécution trouverait même une garantie dans la tran-
quillité au milieu de laquelle il s'accomplirait.

Si les Constitutions s'improvisent, le plus souvent au milieu
des orages, — pareilles en cela à l'œuvre de Moïse, — c'est
qu'elles sont élaborées tardivement, après avoir été trop longtemps conjurées, soit par les intérêts contraires, soit par l'iner-
tie générale. Alors seulement, il se produit des commotions et
des ruptures. Mais il n'en est point de même quand l'œuvre est
entreprise au moment voulu; il n'en est surtout pas ainsi, lorsqu'il s'agit comme aujourd'hui d'une simple réforme, d'une adap-
tation nouvelle et plus parfaite de la loi, à des principes établis.

La difficulté de cette réforme, en ce qui nous concerne, vient
surtout de ce que nous n'avons pas à notre disposition un bon
mécanisme constitutionnel.

Il faut, chacun le sait, l'accord préalable des deux Chambres
pour qu'un projet de modification statutaire soit soumis au Congrès. Or, tout le monde comprend que le choc décisif, dans la
discussion, se produira précisément sur cette question de la dualité des Assemblées parlementaires. C'est là qu'est le nœud de
l'affaire et rien ne pourra être fait tant que ce nœud n'aura pas
été tranché.

Dans ces conditions, le Sénat, qu'on présente habituellement comme menacé de mort, ne voudra plus, suppose-t-on, entendre parler de Congrès. La Constitution est murée, s'écrie-t-on; comment dès lors arriver à l'améliorer?

Il y a ici un malentendu qu'il est temps d'écarter. On a eu tort d'inscrire sur le drapeau de la réforme constitutionnelle : « Suppression du Sénat ». La formule à mettre en circulation était simplement : « Chambre unique ».

Si le système de l'unité de Chambre a la chance de prévaloir, ce ne sera pas seulement le Sénat qui sera supprimé; la Chambre des députés cessera aussi d'exister; et les sénateurs auront, au moins, autant de chances que les députés d'être admis dans la Chambre unique nouvelle. Il y aurait d'ailleurs place, pour ménager les situations acquises, à de larges mesures transitoires.

Ainsi, il est bien vrai que la Constitution, pareille à une caisse à double clef, dépend du bon vouloir de l'une et de l'autre Chambre. Mais il n'est pas impossible que ce double bon vouloir se rencontre, si l'on veut bien, de toute part, envisager la réforme sous son vrai jour, secouer généreusement quelques vieux préjugés et mettre au-dessus des questions personnelles l'intérêt général du pays.

A défaut de réforme régulière et amiable, il est à craindre que dans un certain délai, une illégalité quelconque se produise, violente ou captieuse, venant d'un côté ou d'un autre; et alors ce serait, non plus seulement le Sénat, organe politique qui serait touché, mais la personnalité de chacun des sénateurs qui, sans doute, se trouverait atteinte et diminuée.

Les électeurs, en effet, ont grande hâte de voir leurs intérêts mieux gérés. A l'organisation archaïque et composite qui a la prétention de les gouverner, ils ont un vif désir de voir substituer un outillage moderne et en même temps productif. Ils tiennent en particulier, et c'est bien légitime, à se ménager, vis-à-vis de leurs mandataires, les garanties auxquelles ont droit, en règle générale, tous les mandants.

En un mot, ils souhaitent renouveler leur contrat; ils aspirent à posséder un meilleur acte constitutionnel.

Pour le moment et sous ce rapport, ils n'ont presque plus rien; leurs mains sont à peu près vides.

Les lambeaux de Constitution qui leur avaient été octroyés

en 1875 ont été déchirés par le fameux Congrès de Versailles, en 1882.

Politiquement, ils vivent au jour le jour, tant bien que mal, au hasard des événements et dans un état voisin de l'anarchie. Satisfaits de chacun des représentants pris individuellement, ils sont mécontents du Parlement pris dans son ensemble.

Au milieu de cette crise lente, un bon symptôme toutefois se produit. Certains indices permettent d'espérer que les conservateurs, enfin désabusés, vont rendre les armes à la République. Leur ralliement serait pour le pays une bonne fortune et il y a lieu de le faciliter. Quel meilleur moyen, que de leur offrir le programme d'une Constitution nouvelle, foncièrement démocratique, et en même temps logique, équitable, pacifique, respectueuse du droit civique jusque vis-à-vis des plus faibles minorités !

Le projet qu'on va lire a été imaginé en vue d'aider à la guérison du mal dont nous restons travaillés.

C'est, en effet, en fournissant des essais de solution qu'on finit par voir apparaître la solution définitive et vraie. Et même, on peut se demander pour quel motif un plan de Constitution ne serait pas mis au concours, aussi bien que le plan d'un palais.

Les dispositions que ce projet contient sont expliquées en détail dans la seconde partie de l'ouvrage.

On verra qu'il se rapproche de la Constitution de 1848, tant en s'inspirant de l'organisation communale, — la commune étant une petite nation, — et de l'organisation des sociétés industrielles, — la nation n'étant elle-même qu'une vaste association.

Les idées principales qu'on y verra se produire sont les suivantes :

Généralités. — Le peuple (c'est-à-dire le corps électoral) se gouverne par lui-même; tout pouvoir découle de lui. En déléguant son autorité, il se réserve le droit de révoquer ses mandataires, de faire connaître ses vœux par des pétitions, qui, dans certains cas, sont impératives, et enfin d'exprimer son opinion sur les changements apportés au pacte constitutionnel.

Le Parlement, en déléguant ses pouvoirs à l'administration,

se réserve le droit de contrôle et la faculté de révoquer le chef
des services publics.

Système électoral. — Pour régler l'exercice du suffrage universel, on envisage l'électeur le plus humble et on le prend pour
type.

Le vote est organisé de telle sorte que l'électeur puisse toujours agir en parfaite connaissance de cause.

La désignation des députés se fait au moyen de délégations
successives, dont les membres se réunissent en assemblées peu
nombreuses, de manière à pouvoir conférer entre eux, avant de
se décider et de voter.

Tout ce qui touche au suffrage populaire, notamment la réglementation des scrutins, est entouré d'un respect religieux.

L'âge électoral est fixé à 25 ans. On peut voter par mandataire. Les militaires ne sont pas déchus de leur droit électoral.
Les collèges électoraux sont organisés par département. Toutefois, le système proposé pourrait être étendu à des collèges pro-
vinciaux, ou même à un collège national unique.

Pas d'élection individuelle. Pas de renouvellement général du
Parlement. Représentation de toutes les opinions. On admet que,
dans un collège, il y a trois nuances politiques au moins, dix au
plus.

Le nombre de députés est proportionné au nombre des votants.
Toutes les voix arrivent à être représentées. Il y a entre les députés égalité représentative, c'est-à-dire qu'ils représentent, à
peu près, le même nombre de suffrages.

Les élections sont vérifiées par un jury électoral et non par le
Parlement.

Sont mis hors du suffrage universel : les imbéciles ou faibles
d'esprit, les repris de justice et ceux qui s'abstiennent habituellement de voter.

L'action publique, en matière d'irrégularité électorale, peut
être exercée par les électeurs, agissant au nombre de trois, au
moins.

Députés. — Ils sont nommés pour sept ans. Ils sont moins
nombreux qu'aujourd'hui. Leur traitement est de 20,000 francs.
Leur privilège de circulation gratuite est réduit.

Leur fonction est incompatible avec toute autre fonction élective. Elle exclut l'exercice de tout autre métier ou profession, dans la localité où siège le Parlement, au moins pendant les sessions.

Ils sont soumis, dans l'accomplissement de leur mandat, à un certain contrôle disciplinaire accompagné de sanction.

Les frais de candidature sont, pour ainsi dire, supprimés. Mais il est interdit de se porter candidat dans plusieurs circonscriptions à la fois.

Parlement. — Chambre unique. Subordination de l'administration au Parlement. Incompatibilité des attributions ministérielles avec les fonctions parlementaires. Suppression du parlementarisme. Réduction du traitement du grand état-major administratif. Le chef de l'administration centrale a un suppléant.

Création, à côté du Parlement, d'un Conseil de rédaction législative et d'un Comité des censeurs.

Les légistes rédacteurs sont les clercs du Parlement. Les Censeurs, dont le nombre est très restreint, sont les garants de la Constitution, les cautions du peuple. Ils forment la clef de voûte de l'édifice constitutionnel. Les accusations politiques sont soumises à leur jugement et ils disposent du droit de grâce. — Des mesures transitoires garantissent le privilège des sénateurs inamovibles.

Procédure parlementaire. — Cette procédure est reconnue comme étant d'ordre constitutionnel.

Elle est conçue de telle sorte que la volonté du Parlement puisse, en cas de besoin, être exécutée avec célérité, et que néanmoins tout danger d'entraînement soit, autant que possible, écarté.

Des mesures particulières sont prises pour assurer la dignité des séances et augmenter le prestige du bureau.

Il y a des commissions permanentes. Le secret parlementaire est réglementé. Une commission de permanence remplace le Parlement dans les intervalles des sessions.

Les réglements d'administration sont promulgués en même temps que les lois.

I

TEXTE DU PROJET

ORDRE DES CHAPITRES

PROJET

DE

LOI CONSTITUTIONNELLE

SUR

LA REPRÉSENTATION NATIONALE ET L'ORGANISATION
DU PARLEMENT

TITRE PREMIER

DISPOSITIONS GÉNÉRALES.

ARTICLE PREMIER.

Le Peuple français gère ses affaires politiques par l'intermédiaire d'un certain nombre de *Députés* dont la réunion forme le *Parlement*.

ART. 2.

Ces députés, mandataires et représentants du peuple, sont désignés par les électeurs politiques, répartis en un certain nombre de collèges électoraux et agissant par voie de délégations successives.

ART. 3.

Le Parlement exerce tous les droits du peuple, sous la réserve de l'action plébiscitaire.

ART. 4.

Il est secondé, pour l'accomplissement de sa mission, par un Conseil de rédaction législative, un Ministère chargé de l'administration générale, et un Comité des censeurs.

TITRE II.

FORMATION DE LA REPRÉSENTATION NATIONALE.

CHAPITRE PREMIER.

ORGANISATION ÉLECTORALE.

SECTION PREMIÈRE.

COLLÈGES ÉLECTORAUX POLITIQUES.

Art. 5.

Chaque collège électoral politique est représenté au Parlement par un nombre de députés proportionné au nombre des suffrages exprimés par les Électeurs de ce collège.

Art. 6.

Il y a un député par 20,000 suffrages exprimés. Une fraction supplémentaire de 15,000 suffrages exprimés, donne encore droit à un député.

Les votes en blanc sont comptés comme suffrages exprimés.

Art. 7.

Les collèges électoraux sont délimités de telle manière qu'ils puissent, eu égard à leur contingent électoral, prétendre à trois députés au moins en supposant que tous les électeurs expriment leur suffrage. Le maximum de la représentation d'un collège est de dix députés.

Art. 8.

En règle générale, chaque département territorial forme un collège.

Il y a, toutefois, certains collèges formés, soit de la réunion de deux départements, soit d'une fraction de département.

Art. 9.

Tout département qui, d'après son contingent électoral, pourrait prétendre à plus de dix députés, est subdivisé en deux collèges. Celui qui pourrait prétendre à plus de vingt députés, est subdivisé en trois collèges.

Ces subdivisions se composent, autant que cela se peut, d'arrondissements administratifs contigus.

Art. 10.

Les départements qui ne comptent pas assez d'électeurs politiques pour pouvoir prétendre à trois députés, sont réunis, pour la formation du collège électoral, au département limithrophe le moins peuplé en électeurs. Le chef-lieu du collège électoral est, dans ce cas, au chef-lieu départemental qui compte le plus d'habitants.

Art. 11.

Les trois départements d'Algérie ne forment qu'un seul collège.

Art. 12.

Les autres possessions françaises ne nomment pas de députés.

SECTION II.

ÉLECTORAT POLITIQUE.

Art. 13.

Sont électeurs politiques tous les citoyens mâles et âgés de vint-cinq ans accomplis, qui sont Français d'après les termes du Code civil et ne sont pas frappés d'incapacité électorale.

Art. 14.

Les citoyens dont la vingt-cinquième année est accomplie sont inscrits d'office sur la liste électorale du lieu de leur naissance.

Ils ne peuvent être portés sur la liste électorale d'une autre commune qu'autant qu'ils fournissent leur extrait du casier judiciaire, et qu'ils justifient : 1° d'un avis donné par eux au greffier judiciaire de leur arrondissement natal, de leur intention de fixer leur domicile politique dans cette autre commune; 2° de leur radiation sur la liste de leur précédent domicile politique.

Art. 15.

Les électeurs ne peuvent avoir un domicile politique distinct de leur principal établissement, qu'autant qu'ils sont propriétaires ou locataires dans ce domicile politique, d'un immeuble d'une valeur locative de 50 francs au moins.

Cette disposition ne s'applique pas aux électeurs établis hors de France ou d'Algérie, lesquels peuvent fixer leur domicile politique dans la commune métropolitaine qui leur convient le mieux.

Les électeurs peuvent, en tout cas, conserver leur domicile politique à leur lieu de naissance.

Art. 16.

Le service militaire ne fait pas obstacle à l'exercice du droit électoral.

Art. 17.

Les électeurs, en cas d'absence ou de maladie, peuvent voter par mandataire.

Le mandataire *votif* doit être choisi parmi les électeurs de la commune. Il justifie de sa qualité en exhibant, au moment du vote, la carte électorale de l'électeur mandant.

Pour obtenir directement livraison de la carte électorale de l'électeur mandant, le mandataire votif doit être muni d'une procuration spéciale.

A l'étranger, cette procuration est dressée devant un consul français ou un officier municipal. Ces fonctionnaires attestent l'identité de l'électeur mandant.

En France et dans les colonies françaises, la procuration votive est dressée sans frais, devant les maires des communes ou les officiers municipaux qui leur sont assimilés, moyennant la justification par l'électeur mandant, de son identité. Les maires se transportent même, à cet effet, s'ils en sont requis, au domicile des électeurs infirmes ou malades.

Les procurations qui émanent des militaires sont dressées devant les officiers d'intendance.

A la procuration votive peut être jointe une enveloppe scellée contenant le bulletin de vote de l'électeur mandant. Celui-ci fait alors mention de cette particularité sur sa carte électorale. L'enveloppe, dans ce cas, n'est ouverte qu'au moment du vote par le président du bureau.

Art. 18.

Les électeurs politiques qui, à deux reprises successives, ont omis, dans le même domicile politique et sans excuse légitime, de prendre part au scrutin, sont privés, pendant cinq ans, de leur qualité d'électeur, par le Tribunal correctionnel, à la requête des officiers du Parquet. Cette privation s'opère sans frais.

Art. 19.

A l'expiration de ces cinq années, ils ne sont admis à une nouvelle inscription sur les listes électorales, qu'autant qu'ils s'engagent verbalement ou par écrit, devant le maire de leur domicile politique, à prendre part, à l'avenir, aux scrutins politiques.

En cas de récidive, ils sont privés définitivement, sauf amnistie ou grâce, de leur qualité d'électeur politique.

ART. 20.

Les officiers du Parquet sont tenus de poursuivre l'interdiction électorale des électeurs qui sont dans un état habituel de démence ou d'imbécilité. Cette action peut aussi être intentée par les électeurs de la commune où l'individu sujet à interdiction, a son domicile politique; ces électeurs, agissant au nombre de trois au moins, et pouvant rester tenus solidairement, en cas d'insuccès, des frais judiciaires et de dommages-intérêts. Le défendeur à l'action en interdiction n'est, en aucun cas, passible de frais.

SECTION III.

ÉLIGIBILITÉ POLITIQUE.

ART. 21.

Pour être élu député, il faut être citoyen français, être âgé de 30 ans, et jouir de tous les droits civils, civiques et politiques.

ART. 22.

Les citoyens attachés à un service public et soumis hiérarchiquement à la direction du ministère, ne peuvent être élus députés dans l'étendue du ressort où ils ont, depuis moins de trois ans, exercé leur emploi.

ART. 23.

Les membres du ministère sont absolument inéligibles. Leur inéligibilité se continue pendant les six mois qui suivent la cessation de leurs fonctions.

ART. 24.

Les citoyens qui aspirent à être nommés députés, font connaître leur candidature par une déclaration écrite adressée au vice-président du Conseil de préfecture siégeant au chef-lieu du collège électoral.

Ils joignent, à cette déclaration, leur acte de naissance et leur extrait du casier judiciaire.

Il est défendu, sous peine d'inéligibilité, de se porter candidat, à la fois, dans deux circonscriptions où les opérations électorales sont concomitantes. Le nom des candidats est affiché, par les soins des maires, à la porte des mairies et des sections de vote.

CHAPITRE II.

OPÉRATIONS ÉLECTORALES.

SECTION PREMIÈRE.

CHOIX DES DÉLÉGUÉS.

§ 1er. — Convocation des Électeurs.

ART. 25.

Quand il y a lieu de procéder, dans un collège électoral politique, au renouvellement de sa représentation, les électeurs en sont prévenus par la publication, dans chaque commune, d'un décret de convocation.

ART. 26.

Le scrutin est ouvert dans les deux mois qui suivent cette publication et quinze jours au plus tôt après cette publication.

ART. 27.

Le vote a lieu à la commune, un jour de dimanche.

§ 2. — Bureaux électoraux.

ART. 28.

Les communes qui ont plus de 1,000 électeurs sont divisés en sections, de telle sorte qu'il n'y ait jamais plus de 1,000 électeurs pour un bureau électoral.

ART. 29.

Les bureaux électoraux sont composés d'un président et de deux assesseurs.

ART. 30.

Le président est choisi parmi les conseillers municipaux et, ensuite, s'il y a lieu, parmi les juges civils ou commerciaux, les licenciés en droit et les officiers ministériels, dans l'ordre ci-dessus.

Il est désigné par le maire, cinq jours au moins avant le vote.

ART. 31.

Le maire désigne, en même temps, un vice-président, chargé de remplacer, en cas de besoin, le président. Ce vice-président est choisi, comme le président, dans les catégories des personnes indiquées plus haut (art. 30).

ART. 32.

Le président du bureau électoral est chargé du maintien de l'ordre et de la rédaction du procès-verbal de vote. Il a sous ses ordres, pour garantir la régularité des opérations du scrutin, un certain nombre de militaires libérés du service actif et domiciliés dans la commune.

A défaut de militaires, le maire désigne des gardiens civils du scrutin.

Art. 33.

Les assesseurs sont choisis parmi les électeurs domiciliés civilement dans la commune.

Ils sont désignés le dernier dimanche avant le jour du vote, par le maire, dans une réunion publique tenue et présidée par lui, à la mairie.

Il en est dressé une liste d'ordre, assez longue pour suffire amplement aux besoins du scrutin.

Art. 34.

La préférence pour l'inscription sur cette liste est accordée aux électeurs originaires de la commune, actuellement mariés et pères de famille ; et, parmi eux, à ceux qui se rapprochent le plus de l'âge de quarante ans, soit en deçà, soit au delà, le tirage au sort restant toujours comme dernier moyen de départ, entre les concurrents.

Art. 35.

Aucun assesseur ne peut rester présent au scrutin, pendant plus de six heures consécutives.

Art. 36.

A défaut d'électeurs réclamant la qualité d'assesseurs, le maire, par un arrêté, en désigne d'office. Les assesseurs ainsi désignés ne peuvent être astreints à une présence de plus de deux heures.

Art. 37.

Les assesseurs secondent le président du bureau dans toutes les opérations électorales, notamment dans le dépouillement des votes.

S'il en est besoin, le président du bureau peut, en outre, faire appel à la collaboration d'employés désignés par le maire.

Art. 38.

Les présidents, vice-présidents et assesseurs, régulièrement désignés, qui se refusent, sans raison légitime, à remplir leur mission et entravent ainsi les opérations électorales, encourent une condamnation correctionnelle à l'amende (maximum, 5,000 francs), et peuvent même être privés, soit temporairement, soit définitivement (sauf amnistie ou grâce), de leur qualité d'électeur politique.

Art. 39.

Toutes les difficultés antérieures au vote sont soumises au juge cantonal qui statue d'urgence et définitivement, sauf recours, dans le seul intérêt de la loi, soit par les fonctionnaires de l'État, soit par les électeurs. Les électeurs, dans ce cas, agissent suivant les conditions indiquées à l'article 20.

§ 3. — Vote.

Art. 40.

La vote des électeurs a pour objet la désignation des *délégués électoraux*. Ceux-ci restent chargés de continuer les opérations électorales jusqu'à la désignation des députés.

Art. 41.

Chaque électeur désigne par son vote un seul délégué, lequel porte le nom de *délégué votif*.

Art. 42.

L'électeur qui se présente pour voter doit être porteur de sa carte électorale et d'un bulletin en papier, de cinquante centimètres carrés environ, sur lequel il a écrit ou fait écrire le nom de son délégué.

Art. 43.

Aprés avoir fait vérifier sa carte par le bureau, et avoir été émargé sur la liste électorale, il remet son bulletin plié en quatre au président du bureau qui le dépose dans l'urne.

Art. 44.

Les cartes électorales et les bulletins blancs sont préparés par les soins de l'administration centrale, aux frais des communes.

Art. 45.

Les difficultés qui s'élèvent, pendant le cours du vote, sont tranchées provisoirement et sous toutes réserves, par le bureau électoral, le président ayant voix prépondérante.

Art. 46.

Après le dépouillement, le président dresse un procès-verbal, dont une copie (contenant notamment l'indication du nombre de suffrages exprimés) est immédiatement envoyée au vice-président du Conseil de préfecture siégeant au chef-lieu du collège électoral.

§ 4. — Condition des délégués.

Art. 47.

Les électeurs disposés à accepter les fonctions de délégué votif doivent en faire préalablement la déclaration au maire.

Leurs noms sont affichés à la mairie, au fur et à mesure de leurs déclarations. La liste en est, en outre, placardée à l'entrée du local où a lieu le vote.

ART. 48.

Les délégués votifs doivent être domiciliés civilement dans la commune, être âgés de 30 ans et ne recevoir aucun salaire de l'État.

ART. 49.

Ils ne peuvent faire partie du bureau électoral de leur commune, à moins qu'ils ne soient conseillers municipaux.

ART. 50.

Il y a incompatibilité entre le rôle de délégué et celui de candidat à la députation.

ART. 51.

Les délégués ne peuvent recevoir du ministère, ni distinctions honorifiques, ni emplois rétribués, pendant tout le temps que la représentation collégiale, à la formation de laquelle ils ont pris part, reste en fonctions.

Cette interdiction ne s'étend pas aux circonstances de guerre ou de calamité, non plus qu'aux effets normaux d'une admission, par voie de concours dans un service public.

ART. 52.

Les délégués qui se refusent, sans raison légitime, à accomplir régulièrement leur mission, encourent une condamnation correctionnelle à l'amende (maximum : 5,000 francs) et peuvent être en outre privés, soit temporairement, soit définitivement (sauf amnistie ou grâce) de leur qualité d'électeur politique.

L'action publique est exercée, dans ce cas, comme il est dit à l'article 20.

SECTION II.

ATTRIBUTIONS DES DÉLÉGUÉS.

ART. 53.

Dans les huit jours qui suivent le scrutin, le juge de paix se rend dans toutes les communes et sections de son canton, suivant un itinéraire publié à l'avance.

ART. 54.

Les délégués votifs se réunissent devant lui, à la mairie, sous la présidence de celui d'entre eux qui a obtenu le plus grand nombre de voix et, en cas de concurrence entre plusieurs délégués, sous la présidence de celui qui, étant originaire de la commune, marié et père de famille, se rapproche le plus de l'âge de 40 ans.

Art. 55.

Ainsi réunis, ils répartissent entre eux les voix émises au scrutin, de telle sorte qu'il ne reste pas plus de dix délégués par bureau électoral. Ces derniers sont appelés *délégués communaux*, ou de second degré.

Art. 56.

Si cette répartition ne peut se faire à l'amiable, elle doit, à la suite d'un certain délai fixé administrativement, s'opérer légalement suivant un ordre de cession commençant par celui des délégués votifs qui a le moins grand nombre de voix, l'avantage restant toujours acquis, en cas d'égalité numérique de voix, au délégué qui se trouve dans les conditions indiquées plus haut (art. 54).

Art. 57.

Cette répartition s'opère ostensiblement, de telle sorte que l'origine des suffrages cédés à un délégué communal, reste exactement connue.

Art. 58.

Les délégués ont la faculté, à quelque degré qu'ils appartiennent, d'opérer en tout ou en partie le retrait et la suppression des suffrages dont ils sont nantis.

Ces retraits doivent toutefois faire l'objet d'une déclaration expresse.

Art. 59.

Le premier dimanche après le scrutin, les délégués communaux d'un même canton se réunissent au chef-lieu de ce canton dans le prétoire, en présence du juge de paix et sous la présidence du délégué qui représente le plus grand nombre de voix.

Ils procèdent alors entre eux, suivant le mode indiqué plus haut (art. 55 et suivants), à une deuxième répartition ayant pour objet la désignation de *délégués cantonaux* (ou du troisième degré) au chiffre maximum de dix par canton.

Art. 60.

Une troisième répartitition a lieu dans les mêmes conditions, le dimanche suivant, au chef-lieu d'arrondissement, entre les délégués cantonaux réunis dans la salle d'audience du tribunal, en présence du président de ce tribunal.

On y désigne les *délégués d'arrondissement* (ou du quatrième degré).

Art. 61.

Ces derniers se réunissent le dimanche suivant, au chef-lieu du collège électoral politique, en présence du vice-président du Conseil de préfecture et distribuent leurs suffrages entre les noms des candidats à la députation.

ART. 62.

Cette distribution s'opère de la même manière que les répartitions précédentes. Elle se fait amiablement, si c'est possible; sinon, après un délai d'attente fixé administrativement, elle a lieu légalement, en commençant par l'attribution des voix appartenant au délégué nanti du plus grand nombre de suffrages.

ART. 63.

Le nombre des candidats à élire est fixé par le Conseil de préfecture, suivant le nombre total des suffrages exprimés dans les communes.

ART. 64.

Le total des voix représentées par les délégués d'arrondissement étant divisé par le nombre des candidats à élire, le quotient ainsi obtenu représente le nombre de voix que chaque candidat peut, au maximum, obtenir.

ART. 65.

Sont élus les candidats qui obtiennent le maximum ainsi fixé, et après eux, ceux qui obtiennent relativement le plus de voix, pourvu qu'ils recueillent au moins le quart du quotient fixé. Aucun candidat ne peut être élu en dessous de ce minimum du quart.

ART. 66.

Le public, à l'exclusion des femmes, est admis à toutes les réunions de délégués, quel qu'en soit le degré.

La police, en ce qui le concerne, est laissée aux fonctionnaires désignés plus haut, comme devant assister à ces réunions.

ART. 67.

Les délibérations, s'il y a lieu, y sont prises à la majorité des délégués, le président ayant voix prépondérante en cas de partage.

ART. 68.

Les frais de déplacement des délégués sont à la charge du budget départemental.

SECTION III.

VÉRIFICATION DES ÉLECTIONS.

ART. 69.

Dans le mois qui suit la désignation des députés, les élections sont vérifiées, au chef-lieu du collège électoral politique, par le jury électoral, assisté du Conseil de préfecture.

Art. 70.

Le jury électoral se compose d'autant de jurés qu'il y a d'arrondissements administratifs dans le collège. Les délégués de chaque arrondissement élisent, à cet effet, l'un d'entre eux, dans la réunion où ils sont eux-mêmes désignés par les délégués de canton. Ils élisent, en outre, un juré supplémentaire.

Les jurés titulaires et les jurés suppléants sont nommés à la majorité des suffrages représentés par les délégués d'arrondissement.

Le juré qui représente l'arrondissement le plus peuplé en électeurs est le président de ce jury. Il a voix prépondérante en cas de partage.

Art. 71.

Les réclamations électorales doivent être remises au Conseil de préfecture dans la huitaine qui suit la désignation des députés.

Art. 72.

Quand les élections sont reconnues régulières, les candidats élus sont appelés devant le jury électoral et promettent solennellement de se dévouer tout entiers aux intérêts généraux de la patrie. Ils sont alors proclamés députés et leurs pouvoirs sont considérés comme définitiment vérifiés.

Art. 73.

L'approbation donnée par le jury peut être l'objet d'un recours devant le comité des censeurs. — Ce recours n'est pas suspensif. — Il peut être exercé soit par les fonctionnaires de l'État, soit par les délégués électoraux, au nombre de trois au moins, quels qu'en soient le titre et le degré.

Art. 74.

Quand le jury est d'avis d'annuler, soit l'élection des délégués votifs, soit les opérations qui ont suivi cette élection, il transmet les pièces de l'affaire avec cet avis, au Comité des censeurs qui statue définitivement.

Art. 75.

Dans le cas où l'élection des délégués votifs d'un collège est annulée, un nouveau décret de convocation électorale est immédiatement rendu, et une élection nouvelle a lieu le second dimanche, après la publication du décret.

Art. 76.

Les censeurs peuvent faire immédiatement recommencer, en tout ou en partie, les opérations réservées aux délégués électoraux.

Art. 77.

La vérification des élections n'est pas suspendue par les poursuites pénales auxquelles ces élections peuvent donner lieu.

SECTION IV.

RÉÉLECTIONS ET REMPLACEMENTS DE DÉPUTÉS.

Art. 78.

Les députés sont nommés pour sept ans.

Art. 79.

Les collèges électoraux politiques sont répartis, par le sort, en sept séries.

Le total des collèges électoraux ayant été divisé par sept, les collèges restés en dehors de cette division sont ajoutés un par un, d'abord à la septième série, puis à la sixième et ainsi de suite.

Art. 80.

L'une de ces sept séries est renouvelée chaque année, suivant l'ordre numérique, de un à sept.

Toutefois le Parlement peut prescrire, lorsqu'il le juge utile, des réélections générales.

Art. 81.

Les réélections collégiales ont lieu, autant que possible, dans le premier trimestre de l'année, de manière à être habituellement terminées pour le 1er avril, date à laquelle commence l'année parlementaire.

Art. 82.

Elles ne sont pas commencées dans plus de six collèges à la fois.

Art. 83.

Si 'pendant la durée septennale de la représentation d'un collège, l'un des députés vient à cesser ses fonctions par suite de décès, démission ou révocation, il est, dans les deux mois, pourvu à son remplacement par ses commettants directs, c'est-à-dire par les conseillers d'arrondissement qui en avaient fait tout d'abord la désignation.

Ceux-ci opèrent leur choix à la majorité des suffrages qu'ils représentent.

Art. 84.

Le député qui, dans un collège électoral, fait ainsi l'objet d'une nomination individuelle n'est accrédité que pour le temps qui reste à courir jusqu'au jour où la représentation de ce collège doit être soumise à un renouvellement général.

Art. 85.

Si parmi les commettants directs du député à remplacer il en est
qui sont décédés ou empêchés, ceux-ci sont eux-mêmes préalablement remplacés par les soins des délégués cantonaux qui leur avaient
cédé leurs suffrages.

Ces derniers sont eux-mêmes remplacés, s'il y a lieu, par les soins
des délégués communaux qui leur avaient cédé leurs suffrages. Les
délégués communaux sont remplacés dans les mêmes conditions par
les délégués votifs.

Les délégués votifs, décédés ou empêchés, ne sont pas remplacés.

Art. 86.

La nomination des délégués remplaçants est faite à la majorité des
suffrages précédemment cédés aux délégués remplacés.

Les délégués chargés du remplacement choisissent l'un d'entre eux.

Art. 87.

Les opérations ont lieu suivant les formes indiquées plus haut, article 55 et suivants, en présence et suivant les cas, sur la convocation, soit du juge de paix, soit du président du tribunal de première
instance, soit du vice-président du Conseil de préfecture.

Il n'est pas tenu compte des suffrages dont le délégué sujet à remplacement disposait directement, à titre de délégué votif, en dehors des
suffrages à lui cédés.

Art. 88.

Les députés peuvent être révoqués d'office par les délégués d'arrondissement qui les ont nommés, lorsque ceux-ci sont, à ce sujet, unanimes entre eux et avec tous les délégués cantonaux qui leur ont transmis leurs suffrages, sans qu'il soit tenu compte des décès ou des empêchements survenus parmi les uns ou les autres.

Art. 89.

La formule de révocation, signée par tous ces délégués, est remise
au vice-président du Conseil de préfecture, par le premier d'entre eux,
c'est-à-dire par le délégué d'arrondissement qui avait donné au député
révoqué le plus grand nombre de suffrages.

Une ampliation de cette formule est adressée par les soins du vice-
président du Conseil de préfecture, au président du Parlement, par
l'intermédiaire des Censeurs.

TITRE III.

FONCTIONNEMENT DU PARLEMENT.

CHAPITRE PREMIER.

ORGANISATION DU PARLEMENT.

Art. 90.

Le bureau du Parlement se compose d'un président, de trois vice-présidents et de six secrétaires-scrutateurs.

Art. 91.

La présidence du Parlement est la plus haute dignité politique du pays.

Art. 92.

Le président du Parlement dirige le service du bureau parlementaire.

Il fait au Parlement toutes les communications utiles, sans, toutefois, diriger lui-même les délibérations.

Art. 93.

Dans le dernier mois de l'année parlementaire, il lit un exposé général de la situation du pays. Cet exposé est ensuite affiché dans toutes les communes de France.

Art. 94.

Il représente le Parlement dans ses rapports avec le ministère et le Comité des censeurs.

Art. 95.

Il contrôle et dirige le Conseil de rédaction législative, il en nomme et révoque les membres, avec l'assentiment du bureau parlementaire, en se conformant à la loi organique de ce Conseil.

Art. 96.

Il pourvoit seul aux vacances d'emploi dans le personnel administratif attaché au Parlement. Pour les révocations, l'assentiment du bureau est nécessaire.

Art. 97.

Il est personnellement garant et responsable de la sécurité du Parlement ; son droit de réquisition, à ce sujet, est illimité.

Art. 98.

Il a, sur la force publique, pour l'exécution des ordres du Parlement, l'autorité suprême.

Art. 99.

Sa voix est prépondérante, en cas de partage, aussi bien dans les délibérations du Parlement que dans celles du bureau.

Art. 100.

En cas d'empêchement, il est remplacé par le premier vice-président.

Art. 101.

Il n'a pas de rang officiel en dehors du Parlement.

Art. 102.

Il ne lui est alloué aucun supplément de traitement. Toutefois, il est logé dans l'enceinte du Parlement, et des frais de représentation peuvent lui être attribués.

Art. 103.

Les vice-présidents sont chargés de diriger les délibérations, de faire procéder aux votes et de fixer les propositions d'ordre du jour.

Ils siègent à tour de rôle, par session ou par mois.

Art. 104.

Les secrétaires-scrutateurs dressent les procès-verbaux des séances et jugent les opérations de vote.

Ils remplacent, en cas de nécessité, les vice-présidents.

Art. 105.

Tous les membres du bureau sont élus pour un an, du 1er avril au 1er avril suivant.

Ils peuvent être réélus indéfiniment.

Art. 106.

Ils sont révocables par le Parlement.

Dans ce dernier cas, la déclaration du Parlement doit être votée à la grande majorité.

Art. 107.

Le Parlement est divisé chaque année, pendant le cours du mois d'avril, en un certain nombre de *sections* composées par la voie du tirage au sort et destinées à concourir à la formation des *commissions*, soit *spéciales*, soit *annuelles*. Les commissions spéciales qui étaient encore en fonctions à la fin de l'année parlementaire précédente, sont immédiatement renouvelées. Sont également renouvelées, les commissions annuelles, notamment celle qui est chargée des affaires budgétaires, du contrôle des recettes et de l'ouverture des crédits, c'est-à-dire la *commission* de la *Caisse de l'État*.

Art. 108.

Les sections et les commissions choisissent elles-mêmes leur président et leur secrétaire. Les commissions choisissent, en outre, leur rapporteur.

Art. 109.

Les députés ne peuvent, en temps de session, exercer dans le lieu où siège le Parlement, aucune fonction ou profession étrangère à leur mandat politique.

Art. 110.

Ce mandat est incompatible avec celui de conseiller général, de conseiller d'arrondissement ou de conseiller municipal.

Art. 111.

Ils ne peuvent recevoir du ministère, même indirectement, aucune faveur, soit pécuniaire, soit honorifique.

Art. 112.

Ceux qui, au moment de leur élection, étaient au service de l'État, cessent de toucher leur traitement professionnel, et sont remplacés dans leur service ou fonction, tout en restant, s'ils le désirent, dans la disponibilité de leur ancien emploi.

Art. 113.

Leur rémunération est de 20,000 francs par an, payables par mois.

Art. 114.

Un droit de parcours libre et gratuit, sur les voies ferrées, fluviales et maritimes, leur est, en outre, ménagé dans les limites de leur collège électoral, et sur le trajet de ce collège au siège du Parlement.

Art. 115.

Ils ne peuvent être privés de leur liberté individuelle, sans l'assentiment du comité des censeurs, la prescription criminelle restant suspendue pour eux pendant toute la durée de leurs fonctions.

CHAPITRE II.

SESSIONS DU PARLEMENT.

Art. 116.

Paris est le siège habituel du Parlement.

Néanmoins, celui-ci a la faculté de se transporter dans une autre localité, s'il le juge utile.

Art. 117.

Le Parlement fixe lui-même la date et la durée de ses sessions.

Art. 118.

Il arrête par un règlement intérieur les mesures d'ordre relatives à la tenue de ses séances.

Art. 119.

Il se réunit obligatoirement, chaque année, le 1er avril, à deux heures, à l'occasion du renouvellement de l'année parlementaire.

Art. 120.

Cette réunion obligatoire a lieu sous la présidence du plus âgé des plus anciens membres du Parlement.

Il y est procédé à l'admission des députés nouvellement élus et munis d'un procès-verbal régulier de proclamation.

On élit ensuite le bureau parlementaire de l'année, en commençant par l'élection du président.

Celui-ci, aussitôt élu, entre en fonctions.

Art. 121.

L'élection des vice-présidents et celle des secrétaires se font par liste.

Art. 122.

Toutefois, les secrétaires qui réunissent en leur faveur, avant l'élection par liste, les suffrages du sixième des députés (présents ou absents), sont nommés de droit. Mais, les députés qui ont ainsi disposé, par anticipation, de leur suffrage, ne prennent aucune part à l'élection des autres secrétaires.

Art. 123.

Le premier vice-président est celui qui obtient le plus de voix ; et à égalité de voix, le plus ancien membre du Parlement, et ensuite le plus âgé.

Art. 124.

La même règle hiérarchique est applicable aux secrétaires.

Art. 125.

Les députés sont tenus d'assister régulièrement aux séances du Parlement. Leur présence y est constatée par les soins du président. En cas d'absence irrégulière continuée pendant plus d'un mois, leur traitement est retenu pour tout le temps qu'aura duré l'absence.

Art. 126.

Le bureau du Parlement statue sur les demandes de congé. Les congés accordés sont mentionnés au *Journal Officiel*. Quand la durée dépasse trois mois, il y a une retenue de traitement pour tout le temps qui excède le troisième mois.

Art. 127.

Quand l'intervalle de deux sessions doit dépasser quinze jours, le service parlementaire est remis à la *Commission de permanence*.

Art. 128.

Cette commission, élue comme le bureau au commencement de l'année parlementaire, expédie les affaires urgentes. Elle ne peut édicter de lois proprement dites, ni émettre de déclarations.

Elle ne peut engager les finances de l'État que dans la mesure des crédits déterminés par le Parlement avant sa séparation.

Art. 129.

Un député sur dix entre dans la composition de cette commission. Le député qui est directement commis par neuf de ses collègues en fait partie de droit. Mais les membres du Parlement qui ont ainsi recours à la désignation exclusive et directe, ne prennent aucune part à l'élection des autres membres de la commission.

Art. 130.

L'élection de ceux-ci se fait par liste.

Art. 131.

Le bureau spécial de cette commission se compose d'un président, d'un vice-président et de trois secrétaires.

Le président est l'un des vice-présidents du Parlement. Il n'est pas compté parmi les quarante membres de la commission. Il est désigné pour chaque intervalle de session par le président du Parlement.

Les autres membres du bureau sont élus à la première séance de la commission, chacun des secrétaires pouvant être nommé par voie de désignation exclusive et directe, émanée d'un tiers au moins des membres de la commission.

Art. 132.

Les règles de procédure applicables au Parlement sont également applicables à la commission de permanence.

CHAPITRE III.

ATTRIBUTIONS DU PARLEMENT.

Art. 133.

En dehors des *élections* qui ont trait à son organisation intérieure, le Parlement élit encore les Censeurs et le commissaire général de la République, chef du ministère.

Art. 134.

Il édicte les *lois* nouvelles et abroge, s'il y a lieu, les lois anciennes. Ces dernières ne sont pas soumises à son interprétation.

Art. 135.

Il ratifie les traités passés avec des tiers, soit en France, soit à l'étranger.

Les traités dont la durée peut dépasser quinze années sont sujets à résiliation de la part de l'État, ce laps de temps étant une fois écoulé.

Art. 136.

Les lois dont la durée est limitée et dont l'intérêt est purement local sont appelées plus spécialement *ordonnances*.

Art. 137.

Dans les affaires qui ne donnent pas lieu à la rédaction d'articles de loi, le Parlement exprime sa volonté ou son opinion par des *déclarations*.

Art. 138.

Il règle par des *résolutions* tout ce qui se rapporte à l'application de son règlement intérieur ou à la fixation des ordres du jour. Les *motions* qui donnent lieu à ces résolutions sont habituellement *orales*. Elles sont *écrites* quand elles sont soumises à l'initiative de plusieurs députés.

Art. 139.

Il se renseigne sur l'administration du pays, soit par des *questions* posées aux ministres, soit par des *rapports* écrits qu'il réclame d'eux, soit par des *enquêtes* directement confiées à un ou plusieurs de ses propres membres.

Art. 140.

Il met en accusation, s'il y a lieu, les membres du Parlement et du ministère et les renvoie pour être jugés devant le Comité des censeurs.

Art. 141.

Il reçoit les pétitions que lui adressent les nationaux par l'entremise du Comité des censeurs et leur donne la suite qu'elles comportent.

Art. 142.

Les votes ont lieu dans le Parlement à mains levées, et, en cas de nécessité, au scrutin public.

CHAPITRE IV.

PROCÉDURE PARLEMENTAIRE.

Art. 143.

Quant il s'agit d'élections à faire dans le sein du Parlement ou de révocations à opérer, le vote a toujours lieu au scrutin.

Dans ces deux cas, les députés absents du Parlement sont exceptionnellement admis à voter par l'intermédiaire des députés présents, sans que le mandat donné par eux soit assujetti à aucune forme spéciale.

Art. 144.

En règle générale, le vote par mandataire est interdit.

Art. 145.

Les membres du bureau ne prennent pas habituellement part aux votes. Il n'y participent qu'autant que la majorité acquise à une première épreuve est égale ou inférieure au total des membres du bureau.

Il y a dans ce cas une nouvelle épreuve à laquelle ils concourent.

Art. 146.

Le Parlement ne délibère qu'autant que la moitié au moins des ses membres est présente.

Art. 147.

Quand le total des membres présents est inférieur à la moitié, le Parlement s'ajourne à une séance ultérieure, pour laquelle tous les députés sont spécialement convoqués. Si, à cette seconde séance, les députés ne sont pas encore en nombre suffisant, ceux d'entre eux qui sont absents sans excuse reconnue légitime par le bureau, sont privés de la mensualité courante de leur traitement. La délibération des affaires à l'ordre du jour a lieu dans ce cas, quel que soit le nombre des membres présents.

Art. 148.

Les solutions sont prises en règle générale à la *majorité simple* et, s'il y a lieu, à un second tour de scrutin, à la *majorité relative*.

Art. 149.

Dans certains cas déterminés, la majorité des deux tiers est de rigueur.

Cette majorité est dite *grande majorité*.

Art. 150.

Elle est nécessaire en particulier dans les déclarations de guerre ou d'état de siège, et les votes de révocation.

Art. 151.

La majorité des trois quarts, c'est-à-dire la *très grande majorité*, est requise dans certains cas exceptionnellement déterminés par la présente loi.

Art. 152.

L'initiative des affaires soumises aux délibérations du Parlement est prise exclusivement, soit par les ministres soit par les députés.

Art. 153.

L'initiative des députés ne s'exerce pas isolément, sauf pour des motions orales.

Elle doit émaner :

1° Pour une question, une ordonnance, une motion écrite ou un amendement, de trois députés au moins;

2° Pour une déclaration, de cinq députés au moins;

3° Pour une loi proprement dite, de dix députés au moins.

Art. 154.

Toutes les propositions, quelles qu'elles soient, à l'exception des motions simples ou orales, sont d'abord remises par écrit au bureau et portées par celui-ci à la connaissance du Parlement.

Art. 155.

Les propositions de loi, d'ordonnance ou de déclaration, sont conçues sous la forme d'un avant-projet qui en indique les dispositions essentielles.

Art. 156.

Les autres formalités à remplir sont les suivantes :

1ᵉⁿᵗ. Pour les lois proprement dites :

1° Vote sur le renvoi de l'avant-projet à une commission;

2° Dépôt du rapport de la commission;

3° Vote sur la prise en considération de l'avant-projet et le renvoi de cet avant-projet au conseil de rédaction législative;

4° Examen, par la commission, du projet dressé par le conseil de rédaction sous forme d'articles séparés et numérotés. Adoption d'un texte provisoire;

5° Première lecture et première délibération dans le Parlement;

6° Après un délai d'un mois au moins, deuxième lecture et deuxième délibération.

Toutes ces formalités sont applicables aux dispositions fiscales ayant pour effet de modifier l'application d'une loi en vigueur.

2ent. Pour les ordonnances ou lois d'intérêt restreint, à l'exception du budget;

1° Vote sur le renvoi de l'avant-projet à une commission;

2° Dépôt du rapport de la commission;

3° Vote sur la prise en considération de l'avant-projet et le renvoi de cet avant-projet au conseil de rédaction;

4° Examen, par la commission, du projet dressé par le conseil de rédaction sous forme d'articles séparés et numérotés, et adoption du texte provisoire;

5° Une seule lecture et une seule délibération dans le Parlement.

Cette délibération ne peut être commencée que huit jours au plus tôt après le dépôt de l'avant-projet.

Ces formalité sont également applicables à l'examen ou à la ratification des projets de traités passés par le ministère, soit avec des nationaux, soit avec des États ou des particuliers étrangers.

3ent. Pour le budget annuel et généralement pour toutes les affaires intéressant la caisse de l'État :

1° Vote sur le renvoi des propositions à la commission de la caisse de l'État;

Cette commission annuelle est secondée dans ses travaux par un ou plusieurs membres du conseil de rédaction qui lui sont attachés d'une façon exclusive et permanente.

2° Adoption par la commission d'une ordonnance provisoire;

3° Première lecture et première délibération dans le Parlement;

4° Après un délai de huit jours au moins, deuxième lecture et deuxième délibération.

L'ensemble du budget ordinaire doit être déposé, par le ministère, au plus tard le 1er avril, et voté, par le Parlement, au plus tard le 1er décembre de l'année qui en précède l'application.

En cas de retard, et sauf le cas de force majeure, la rémunération des membres du Parlement est supprimée pour tout le temps qui s'écoule du 1er décembre jusqu'au vote final.

4ent. Pour les déclarations :

1° Vote sur le renvoi de l'avant-projet à une commission;

2° Adoption, par la commission, d'un projet de formule. Dépôt de son rapport;

3° Huit jours au plus tôt après le dépôt de l'avant-projet, délibération définitive du Parlement.

Les déclarations dont l'effet doit réagir sur les finances de l'État sont soumises en même temps à la procédure précédente relative aux affaires fiscales. — Les demandes d'enquête et les propositions de révocation sont toujours conçues sous forme de déclaration.

5ent. Pour les questions :

1° Vote sur la fixation du jour où la question sera développée et recevra une réponse. Un intervalle de trois jours au moins doit s'écouler entre le depôt de la question et son développement;

2° Développement de la question et réponse du ministre.

6ent. Pour les résolutions :

Quelques-unes parmi les motions écrites ne peuvent être résolues que trois jours au plus tôt après leur présentation. Celles-là sont dites *motions extraordinaires*.

Les motions écrites ordinaires peuvent, comme les motions orales émanées d'un seul député, être résolues immédiatement.

Art. 157.

En cas d'urgence, il peut être dérogé aux dispositions qui viennent d'être énoncées.

L'*urgence simple* est reconnue à la majorité simple.

La *grande urgence* à la grande majorité.

La *très grande urgence* à la très grande majorité.

Art. 158.

La simple urgence permet de supprimer l'intervention du conseil de rédaction.

Art. 159.

La grande urgence autorise la suppression des délais de trois jours et de huit jours.

Art. 160.

La très grande urgence dispense les projets de loi de la seconde délibération.

Art. 161.

Les demandes d'urgence émanant des membres du Parlement sont présentées sous forme de motion écrite ordinaire.

Art. 162.

La promulgation des lois et ordonnances s'opère dans les conditions déterminées par le Code civil.

Elle ne peut toutefois avoir lieu qu'un mois après leur adoption.

Art. 163.

Les déclarations qui ont trait à des mesures effectives ne sont exécutoires qu'après un sursis de huitaine.

Art. 164.

Pendant ces sursis, le Parlement peut, sur une demande signée par la simple majorité de ses membres, soumettre la loi, l'ordonnance ou la déclaration à une nouvelle délibération.

Art. 165.

Il peut, sur une motion orale, supprimer ces sursis par un vote de grande majorité.

Art. 166.

Les règlements d'administration destinés à assurer dans ses détails l'exécution d'une loi ou d'une ordonnance, sont soumis à l'approbation du bureau du Parlement et rendus exécutoires en même temps que les lois et ordonnances auxquelles ils se rapportent.

Art. 167.

Les séances générales du Parlement sont seules accessibles au public. Les femmes toutefois n'y sont pas admises. En cas de manifestation ou de tumulte de la part des assistants, la séance est suspendue et le local réservé au public est évacué par l'ordre du président du Parlement. Ce local peut même, avec l'assentiment du Parlement, rester interdit pendant un certain laps de temps.

Art. 168.

La constitution du Parlement en *comité secret* est réclamée quand la nature des affaires y donne lieu, soit par les députés au moyen d'une motion écrite ordinaire, soit par les ministres.

Le bureau parlementaire statue sur cette demande, après en avoir délibéré. Sa décision peut être modifiée par le Parlement pendant l'examen de l'affaire, sur une nouvelle motion écrite ordinaire et sans qu'une discussion particulière puisse être ouverte à ce sujet.

Art. 169.

En cas de « comité secret », le Parlement détermine, s'il y a lieu, les faits et circonstances dont les députés devront garder le secret, et le temps que ce secret devra durer.

Art. 170.

Le Parlement règle lui-même l'ordre de ses travaux.

Art. 171.

Il réserve exclusivement, s'il le juge utile, des séances fixes, soit pour l'examen du budget, soit pour l'élaboration des lois proprement dites.

Art. 172.

Le bureau parlementaire peut être investi, soit par mesure spéciale, soit par voie réglementaire, du droit de limiter à l'avance la durée des discours prononcés, soit par les députés, soit par les ministres.

Art. 173.

L'usage de la tribune oratoire est facultatif.

CHAPITRE V.

ANNEXES DU PARLEMENT.

SECTION PREMIÈRE.

CONSEIL DE RÉDACTION LÉGISLATIVE.

Art. 174.

Le Conseil de rédaction législative est chargé de la préparation des textes législatifs et de la garde des archives du Parlement.

Art. 175.

Il élabore les règlements d'administration nécessaires pour l'application des lois et ordonnances.

Art. 176.

Il se compose de conseillers et de secrétaires.

Art. 177.

Il agit sous la direction et le contrôle du bureau parlementaire qui en nomme et révoque les membres, conformément à la loi d'organisation de ce Conseil.

Art. 178.

Il est, autant que possible, installé dans le même local que le Parlement.

Art. 179.

Un ou plusieurs conseillers rédacteurs assistent dans les commissions et au Parlement, à l'examen des lois et ordonnances auxquelles le Conseil de rédaction a collaboré.

SECTION II.

MINISTÈRE.

Art. 180.

Le ministère est chargé de l'administration générale du pays.

Art. 181.

Il fait appliquer les lois et ordonnances, et se conforme en tous points aux volontés du Parlement. Il propose, quand il y a lieu, des lois nouvelles.

Art. 182.

Il se compose d'un commissaire général de la République, de son lieutenant général, d'un certain nombre de ministres placés à la tête de départements ministériels distincts, et d'un nombre égal de sous-ministres.

Art. 183.

Le nombre de départements ministériels est fixé par le Parlement. Il est de cinq au moins et de dix au plus.

Art. 184.

Le commissaire général de la République est le chef du ministère.

Art. 185.

Il est nommé par le Parlement, pour sept ans, et n'est pas rééligible. Son élection a lieu trois mois avant l'expiration des fonctions du commissaire général actuel. Il est révocable.

Art. 186.

Avant d'entrer en fonctions, il s'engage, par une promesse solennelle formulée devant le Parlement, à faire exécuter loyalement toutes les lois et à se comporter dans son administration en fidèle et dévoué serviteur de la souveraineté populaire.

Art. 187.

Le commissaire général de la République représente le pays dans les relations internationales, dans les contrats et dans les procès.

Art. 188.

Il dispose de la force publique sans la commander en personne.

Art. 189.

Il distribue les décorations et récompenses civiques.

Art. 190.

Il préside aux solennités nationales.

Art. 191.

Il assiste aux séances générales du Parlement quand il le juge utile.

Il peut y être mandé par une résolution votée sur une notion écrite extraordinaire.

Art. 192.

Il communique encore avec le Parlement en lui envoyant des rapports personnels, quand il le juge convenable.

Art. 193.

Chaque année, à la fin de décembre, il fournit personnellement et par écrit un résumé sommaire des résultats administratifs obtenus pendant l'année, et, en même temps, il fait officiellement connaître le total de la population électorale par départements territoriaux.

Art. 194.

Il ne peut quitter sa résidence sans en avoir averti le président du Parlement.

Il ne peut quitter la France continentale sans y avoir été autorisé par le bureau parlementaire.

Art. 195.

Sa rémunération annuelle est de 100,000 francs. Il lui est attribué, en outre, chaque année, des frais de représentation. Il est logé aux frais de l'État, à proximité du Parlement.

Art. 196.

En cas de décès, il est remplacé dans le délai d'un mois.

Art. 197.

Les commissaires généraux de la République qui ont terminé leur septennat sont de droit membres du Comité des censeurs.

Art. 198.

Le lieutenant du commissaire général de la République est assimilé aux ministres. Il remplit les fonctions que lui délègue le commissaire général et le remplace en cas d'absence, de maladie ou de décès.

Art. 199.

Les ministres sont nommés et révoqués par le commissaire général de la République.

Le Parlement peut, par une déclaration, provoquer leur remplacement.

Art. 200.

Ils ont librement accès aux séances générales du Parlement, sans toutefois prendre part aux votes.

Ils peuvent y être mandés par une motion écrite ordinaire.

Art. 201.

Ils y introduisent, en cas de besoin, et avec l'assentiment du Parlement, des chefs de service de leurs départements ministériels.

Art. 202.

Des rapports écrits leurs sont demandés directement, s'il y a lieu, par une motion écrite ordinaire.

Art. 203.

Il y a autant de sous-ministres que de ministres.

Ils secondent les ministres et les remplacent en cas d'empêchement; ils sont nommés, révoqués et remplacés dans les mêmes conditions.

Art. 204.

Aucun des membres du ministère ne peut être en même temps député.

Art. 205.

Ceux qui, avant de faire partie du ministère, étaient attachés à un service public, cessent de toucher leur traitement professionnel et restent dans la disponibilité de leur ancien emploi.

Art. 206.

Les membres du ministère jouissent tous de l'immunité accordée aux députés, quant à la liberté individuelle.

Art. 207.

Ils sont, comme eux, justiciables, pour manquements fonctionnels, du Parlement et du Comité des censeurs.

Art. 208.

Toutes les décisions administratives (nominations, avancements, révocations, commissions, marchés) concernant des parents ou alliés des membres du ministère ou du Parlement, jusqu'au sixième degré inclusivement, sont immédiatement insérées au *Journal officiel*, sous une rubrique spéciale.

SECTION III.

COMITÉ DES CENSEURS.

§ 1er. — Compétence des Censeurs.

Art. 209.

Les Censeurs statuent sur les mises en accusation formées par le Parlement et sur les demandes d'incarcération formées par le Parquet contre les députés ou les ministres.

Art. 210.

Ils décident sur le recours en grâce.

Art. 211.

Ils veillent à la libre et régulière application des droits de suffrage et de pétition, et adressent, s'il y a lieu, à ce sujet, des observations au Parlement. Ces observations, conçues sous forme de rapport écrit, sont immédiatement communiquées en séance publique, puis insérées au *Bulletin des Communes*.

Art. 212.

Ils s'opposent de la même manière à ce que les députés s'arrogent des privilèges autres que ceux qui leur sont concédés dans l'intérêt du pays par la présente loi statutaire.

Art. 213.

Si leurs observations restent sans effet, ils dénoncent au peuple, par des affiches apposés dans toutes les communes, les faits qui leur paraissent constituer des violations de la Constitution.

Art. 214.

Ils statuent en dernier ressort sur l'annulation des élections.

Art. 215.

Ils servent d'intermédiaires entre les nationaux et le Parlement pour la transmission des pétitions.

Art. 216.

L'assiduité des députés aux travaux du Parlement est également soumise à leur contrôle.

§ 2. — Composition du Comité des Censeurs.

Art. 217.

Le Comité des censeurs se compose de dix membres, non compris les anciens commissaires généraux de la République.

Art. 218.

Ils sont choisis exclusivement parmi les anciens présidents du Parlement et les citoyens ayant exercé, pendant dix ans au moins, les fonctions de membre du Parlement ou du ministère.

Art. 219.

Ils doivent être âgés de 50 ans au moins.

Art. 220.

Ils sont élus pour dix ans par le Parlement et demeurent rééligibles.

Art. 221.

Les Censeurs élus promettent solennellement, devant le Parlement, d'être les défenseurs fidèles de la souveraineté populaire et de l'égalité politique des citoyens.

Art. 222.

Ils nomment eux-mêmes leur bureau composé au moins d'un président et d'un vice-président.

Toutefois, les anciens commissaires généraux de la République ne peuvent entrer dans la composition de ce bureau.

Art. 223.

Tous les Censeurs, indistinctement, sont révocables par le Parlement, mais seulement pour un vote de très grande majorité.

Art. 224.

Le président du Parlement chargé du contrôle administratif du Comité des censeurs, est tenu de provoquer le remplacement des Censeurs devenus invalides.

Art. 225.

Les Censeurs ne peuvent exercer en même temps aucun autre emploi.

Art. 226.

Ils n'ont pas de rang officiel. Une tribune leur est toutefois réservée au Parlement, même en cas de comité secret.

Art. 227.

Ils ne peuvent recevoir aucune faveur gouvernementale ni aucune distinction honorifique.

Art. 228.

Leur fonction de Censeur venant à prendre fin, toute autre fonction administrative ou élective leur est interdite.

Art. 229.

Leur résidence est la même que celle du Parlement.

§ 3. — Procédure du Comité de Censeurs.

Art. 230.

Toutes les décisions des Censeurs sont prises au nom du comité. Le président est seulement chargé d'en assurer la notification.

Art. 231.

Elles sont prises à la majorité, le président ayant voix prépondérante en cas de partage.

Art. 232.

Le comité peut faire des enquêtes et des inspections par l'entremise d'un ou de plusieurs de ses membres.

Art. 233.

La publicité du *Journal officiel* et du *Bulletin des Communes* est mise à sa disposition.

Art. 234.

Pour que le comité puisse délibérer, il faut que la moitié de ses membres au moins soit présente.

La présence des deux tiers est nécessaire pour l'appréciation des demandes d'incarcération relatives aux députés et aux ministres.

Art. 235.

Le comité siège au complet quand il est appelé à examiner une mise en accusation parlementaire.

Art. 236.

Les peines qu'il peut appliquer dans ce cas sont les suivantes :

1° Le bannissement à l'étranger ;

2° Le renvoi dans une colonie ;

3° La privation des droits politiques ;

Ces trois peines sont temporaires ou perpétuelles.

4° Le blâme.

Art. 237.

Indépendamment de ces peines, le comité peut infliger des réparations civiles.

Art. 238.

Les faits qui peuvent donner lieu à la mise en accusation parlementaire sont les suivants :

1° Désobissance aux ordres du Parlement ;

2° Atteinte portée à la liberté électorale et au droit de pétition ;

3° Malversation, concussion ;

4° Révélation d'un secret parlementaire ;

5° Infraction aux lois commise dans l'exercice des fonctions parlementaires ou ministérielles, ou à l'occasion de cet exercice ;

6° Infractions réitérées (trois fois en un mois) au règlement intérieur du Parlement.

Art. 239.

Le défenseur des accusés ne peut être choisi ni désigné d'office en dehors du Parlement.

Art. 240.

Les arrêts prononcés par le comité ont immédiatement force exécutoire.

TITRE IV.

ACTION PLÉBISCITAIRE DES ÉLECTEURS.

Art. 241.

Les électeurs n'interviennent directement dans les affaires politiques du pays que par voie de pétition écrite.

Art. 242.

La pétition est individuelle ou signée par un nombre plus ou moins considérable d'électeurs.

Art. 243.

Quand, dans un espace de temps qui ne dépasse pas trois mois, une pétition est signée par cinq cent mille électeurs, le vœu qui en fait l'objet est obligatoirement soumis à la délibération du Parlement.

Art. 244.

Quand, dans ce même espace de temps, une pétition est signée par les deux tiers de l'ensemble des électeurs, le Parlement l'enregistre et lui donne force de loi sans autre formalité.

Art. 245.

Indépendamment des pétitions particulières transmises au Parlement, il est tenu, dans chaque mairie, un registre dit : *Cahier des Pétitions*, sur lequel tous les électeurs de la commune sont admis à écrire ou signer leurs vœux, en justifiant de leur identité.

Une copie de ce registre, certifiée par le maire, est envoyée à la fin de chaque trimestre au Comité des censeurs, qui en fait le dépouillement et en transmet à bref délai le résultat au président du Parlement.

Art. 246.

Les signatures apposées sur les pétitions particulières doivent être

certifiées comme signatures d'électeurs, soit par le maire ou le préfet
du domicile politique des signataires, soit par le greffier du tribunal
de l'arrondissement où ils sont nés.

Art. 247.

Il ne peut être posé ni par le Parlement, ni par le ministère, ni par
les Censeurs, aucune question mettant les électeurs en demeure de
répondre par un vote.

Art. 248.

Néanmoins, les dispositions législatives ayant pour objet une modification quelconque de la présente loi constitutionnelle sont soumises
à la sanction populaire.

Les électeurs votent, dans ce cas, par *oui* ou par *non* sur la modification proposée, sans que l'omission de vote donne lieu à aucune déchéance électorale.

Art. 249.

Au-dessus de chaque urne de vote, le texte projeté est mis en regard
du texte dont la modification est proposée.

S'il s'agit d'un texte nouveau à ajouter ou d'un texte à supprimer,
la mention en est affichée.

Art. 250.

La modification n'est rejetée qu'autant qu'elle est désapprouvée par
la majorité des électeurs. Dans le cas contraire, elle est admise, quelle
que soit la majorité relative qni l'appuie.

Art. 251.

Toute modification doit préalablement avoir été votée à la grande
majorité dans le Parlement.

Art. 252.

En cas de scrutin constitutionnel, les bureaux sont formés comme
il a été dit plus haut pour l'élection des délégués électoraux votifs.

Art. 253.

Les opérations de ce scrutin ont lieu sous le contrôle des Censeurs
qui en font connaître officiellement le résultat.

Art. 254.

Une modification constitutionnelle rejetée ne peut plus être proposée par les députés avant l'expiration de deux années, à moins que sa
proposition ne soit admise à la très grande majorité dans le Parlement.

TITRE V.

DISPOSITIONS TRANSITOIRES.

Article Premier.

La présente loi sera soumise, suivant les formes qui viennent d'être indiquées, à la sanction des électeurs, dans les trois mois qui suivront son adoption par le pouvoir constitutionnel actuel.

Art. 2.

Le Parlement étant constitué, il ne sera procédé au renouvellement de la première série des représentations collégiales, qu'après l'expiration de trois années parlementaires.

Art. 3.

Les sénateurs inamovibles, conservant les avantages attachés à leur situation actuelle, seront répartis par le sort entre les collèges électoraux politiques et prendront place à l'avance, comme députés, dans la représentation de ces collèges.

Art. 4.

Dans la représentation des collèges pouvant prétendre seulement à trois députés, il n'entrera aucun sénateur inamovible.

Dans celle des collèges pouvant prétendre seulement à quatre députés, il ne pourra en être introduit qu'un seul.

Dans celle des collèges pouvant prétendre à cinq députés, il ne pourra en être admis que deux au plus et ainsi de suite.

Art. 5.

L'article 13 de la présente loi qui élève à 25 ans l'âge électoral, ne s'appliquera pas aux Français qui, au moment de la sanction populaire de la loi, seront au moins entrés dans leur vingt et unième année.

Art. 6.

La première représentation nationale, organisée conformément à la présente loi, devra mettre en tête de son ordre du jour :

1° L'organisation détaillée du Conseil de rédaction législative;

2° L'organisation détaillée du comité des Censeurs;

3° La réorganisation du contrôle de la gestion des finances;

4° La fixation des traitements du lieutenant du commissaire général de la République, des ministres et des sous-ministres;

5° La procédure à suivre en matière d'interdiction électorale;

6° La révision de la pénalité en matière électorale.

Art. 7.

La révision de la pénalité électorale devra assurer l'application des règles suivantes :

1° Les citoyens salariés par l'État (autres que les membres du ministère) qui seront convaincus d'abus d'influence, d'actes de pression, ou autres manquements électoraux, seront soumis à des peines doubles de celles encourues par les autres citoyens;

2° Ils seront, dans tous les cas, justiciables de la cours d'assises;

3° L'action publique pourra, à défaut d'intervention directe, des officiers du Parquet, être intentée contre eux par les délégués d'arrondissement, restés en dehors des jurys électoraux et agissant au nombre de trois au moins. Dans ce cas, le Parquet devra agir comme partie jointe;

4° Dans toutes les affaires électorales soumises à la cour d'assises, la peine applicable sera fixée par les jurés eux-mêmes, dans une délibération spéciale à laquelle les juges prendront part avec voix consultative.

Art. 8.

Les cas d'incapacité électorale resteront provisoirement réglés par l'article 15 du décret organique du 2 février 1852.

TABLEAU DES COLLÈGES ÉLECTORAUX POLITIQUES

ÉTABLI D'APRÈS LE DERNIER RECENSEMENT ÉLECTORAL

COLLÈGES.	CHEFS-LIEUX.	NOMBRE des ÉLECTEURS.	NOMBRE des ÉLECTEURS majeurs de 25 ans[1].	NOMBRE DES DÉPUTÉS.
Ain	Bourg	104,196	92,718	4
Aisne	Laon	150,438	133,945	6
Allier	Moulins	120,908	107,474	5
Basses-Alpes Hautes-Alpes	Gap	72,197	64,176	3
Alpes-Maritimes Var	Nice	140,427	125,047	5
Ardèche	Privas	112,047	99,598	5
Ardennes	Mézières	88,959	79,075	4
Ariège	(Voir Pyrénées-Orientales).	»	»	»
Aube	Troyes	79,320	70,507	3
Aude	Carcassonne	97,193	86,494	4
Aveyron	Rhodez	117,187	104,078	5
Bouches-du Rhône	Marseille	139,717	124,193	5
Calvados	Caen	118,855	105,649	5
Cantal Lozère	Aurillac	100,193	89,061	4
Charente	Angoulême	113,015	100,458	5
Charente-Inférieure	La Rochelle	144,944	128,839	6
Cher	Bourges	100,626	89,446	4
Corrèze	Tulle	88,423	78,598	4
Corse	Ajaccio	73,661	65,476	3
Côte-d'Or	Dijon	115,068	102,283	5
Côtes-du-Nord	Saint-Brieuc	163,737	145,544	7
Creuse	Guéret	77,442	68,837	3
Dordogne	Périgueux	148,097	131,642	6
Doubs	Besançon	81,512	72,455	3
Drôme	Valence	96,424	84,711	4
Eure	Evreux	108,683	94,607	4
Eure-et-Loir	Chartres	82,481	73,316	3
Finistère	Quimper	168,683	149,940	7
Gard	Nîmes	133,407	118,584	6
Haute-Garonne	Toulouse	143,027	127,225	6
Gers	Auch	31,723	81,522	4
Gironde	Bordeaux	206,962	183,966	9
Hérault	Montpellier	134,896	119,908	6
Ile-et-Vilaine	Rennes	152,324	135,399	7
Indre	Châteauroux	74,091	74,748	3
Indre-et-Loire	Tours	99,234	88,208	4
Isère	Grenoble	162,773	144,687	7
Jura	Lons-le-Saulnier	81,872	71,788	3
Landes	Mont-de-Marsan	85,322	75,851	4
Loir-et-Cher	Blois	80,365	71,436	3
Loire	Saint-Etienne	153,132	136,117	7
Haute-Loire	Le Puy	85,661	76,143	4

[1] Pour obtenir ce chiffre, il suffit de diminuer d'un neuvième le chiffre correspondant de la colonne précédente.

COLLÈGES.	CHEFS-LIEUX.	NOMBRE des ÉLECTEURS.	NOMBRE des ÉLECTEURS majours de 25 ans.	NOMBRE DES DÉPUTÉS.
Loire-Inférieure....	Nantes..................	166,770	148,205	7
Loiret.............	Orléans.................	103,146	91,863	4
Lot...............	Cahors.................	85,214	75,724	4
Lot-et-Garonne.....	Agen..................	99,391	88,348	4
Lozère............	Mende (voir Cantal).......	»	»	»
Maine-et-Loire.....	Angers.................	152,549	135,600	7
Manche...........	Saint-Lo...............	142,755	126,890	6
Marne............	Châlons-sur-Marne.......	118,080	104,842	5
Haute-Marne.......	Chaumont..............	75,652	67,247	3
Mayenne..........	Laval..................	92,616	82,350	4
Meurthe-et-Moselle..	Nancy.................	112,447	100,175	5
Meuse............	Bar-le-Duc.............	84,467	75,182	4
Morbihan..........	Vannes................	130,428	115,936	6
Nièvre............	Nevers................	101,520	90,740	4
Nord.............	Lille..................	350,268	360,349	16
Oise.............	Beauvais...............	112,418	99,927	5
Orne.............	Alençon...............	110,322	98,064	5
Pas-de-Calais......	Arras.................	216,159	192,142	9
Puy-de-Dôme.....	Clermont-Ferrand........	170,147	151,242	7
Basses-Pyrénées....	Pau..................	107,502	95,558	5
Hautes-Pyrénées....	Tarbes................	65,925	58,498	3
Pyrénées-Orientales. Ariège.............	Perpignan..............	130,173	115,708	6
Haut-Rhin.........	(Voir Haute-Saône).......	»	»	»
Rhône............	Lyon..................	176,483	156,873	8
Haute-Saône....... Haut-Rhin.........	Vesoul.................	104,827	93,680	4
Saône-et-Loire.....	Mâcon................	173,344	154,084	6
Sarthe............	Le Mans...............	128,540	114,258	5
Savoie............	Chambéry..............	68,000	60,445	3
Haute-Savoie.......	Annecy................	77,816	69,170	3
Seine.............	Paris..................	539,846	479,863	24
Seine-Inférieure....	Rouen.................	195,360	173,654	8
Seine-et-Marne.....	Melun.................	99,901	88,801	4
Seine-et-Oise......	Versailles...............	152,792	136,049	7
Deux-Sèvres......	Niort.................	105,383	93,674	4
Somme...........	Amiens................	159,696	141,952	7
Tarn.............	Alby..................	110,984	98,653	5
Tarn-et-Garonne....	Montauban.............	74,473	64,532	3
Var..............	(Voir Alpes-Maritimes)....	»	»	»
Vaucluse..........	Avignon...............	76,826	68,290	3
Vendée...........	La Roche-sur-Yon.......	120,206	106,850	5
Vienne............	Limoges...............	102,337	90,978	4
Haute-Vienne......	Poitiers................	93,807	83,384	4
Vosges...........	Epinal.................	109,505	97,338	5
Yonne............	Auxerre...............	110,091	97,859	5
Algérie...........	Alger.................	»	»	3
	Total.................			404

Total des collèges, 83.

Sénateurs inamovibles, 75. — Nombre des députés à élire tout d'abord, 329.

II

TEXTE ANNOTÉ

PROJET

DE

LOI CONSTITUTIONNELLE

SUR

LA REPRÉSENTATION NATIONALE ET L'ORGANISATION
DU PARLEMENT

= *Organiser la représentation nationale,* tel est l'objet normal et exclusif de la Constitution dans une société démocratique.

Cette organisation comprend deux termes, d'abord le recrutement de la représentation, puis son mode d'action.

Tout ce qui se rattache directement à cette organisation, est d'ordre constitutionnel. En dehors d'elle, il n'y a rien à proprement parler de fondamental.

En autres termes, on peut dire qu'en France la Constitution c'est la mise en œuvre du suffrage universel.

TITRE PREMIER

DISPOSITIONS GÉNÉRALES.

ARTICLE PREMIER.

Le Peuple français gère ses affaires politiques par l'intermédiaire d'un certain nombre de *Députés* dont la réunion forme le *Parlement*.

= On entend par « *affaires politiques* » les affaires d'intérêt général.

= La dénomination de « *Parlement* » est suggérée par la tradition.

= *L'unité de Chambre* est aussi conforme à la tradition nationale. Les États généraux, l'ancien Parlement ne constituaient qu'une seule Assemblée. Il en fut de même de la Constituante, de l'Assemblée législative, de la Convention ; de même encore de l'Assemblée législative de 1848 et de l'Assemblée nationale de 1871.

La dualité des Chambres est d'importation anglaise. En Angleterre, elle s'explique par des raisons historiques tout à fait spéciales qui se rattachent à la conquête normande. Elle a pu s'adapter à certaines nations européennes où la population est encore divisée par classes. Mais en France, pays d'égalité et de centralisation, elle ne paraît pas pouvoir jamais prendre solidement racine.

Depuis qu'elle a pénétré chez nous, nous l'avons pratiquée sans esprit de suite, tantôt d'une manière, tantôt d'une autre. Le caractère différentiel des Chambres a varié d'année en année.

Sous le Consulat, il y a eu trois Chambres au lieu de deux. Aujourd'hui encore, on peut dire que nous en avons trois : le Corps législatif, le Sénat et l'Assemblée nationale ou Congrès.

Ce n'est pas, d'ailleurs, en vue d'une législation faite avec prudence qu'on a divisé en certains lieux et à certaines époques le pouvoir législatif en deux parties ; c'est bien plutôt pour ménager les intérêts de caste ou pour assurer la prédominance du prince.

Pour reconnaître que la dualité des Chambres n'inplique aucune garantie de bonne législation, il suffit de parcourir les annales parlementaires, anciennes ou récentes. Les Assemblées uniques brillent au nombre de celles qui ont fait les lois les meilleures, les plus importantes et les plus nombreuses. Les difficultés des années 1848 et 1871 ont été aplanies par des Assemblées uniques. Au contraire, on voit assez souvent des Assemblées doubles ou triples faire une très mauvaise besogne.

Quand on veut faire une Constitution, — c'est-à-dire la loi fondamentale et maîtresse, — on s'adresse toujours à une Assemblée unique.

Il n'y a qu'un seul pays de suffrage universel après la France, c'est la Grèce. La Grèce n'a qu'une Chambre.

Dans les communes, il n'y a pas deux conseils municipaux. On ne voit pas dans les départements deux conseils généraux. Dans les sociétés anonymes, il n'y a pas deux conseils d'administration.

La dualité des Chambres ne pourrait se comprendre en France qu'avec deux Assemblées investies d'attributions différentes. Ce serait l'application du principe de la division du travail. — Mais cette division serait gênante en pratique et, en cas de conflit, où serait l'arbitre? Serait-ce le chef du pouvoir exécutif? On laisserait ainsi à un seul homme un pouvoir exhorbitant.

On pourrait aussi comprendre deux Chambres, dont l'une serait subordonnée à l'autre, mais entre ce système et celui de l'unité, quelle différence réelle y aurait-il?

L'Imperium serait tout entier dans les mains de la Chambre haute.

A l'heure actuelle chez nous, quelle est la Chambre haute? Il n'y en pas. Nous avons deux Chambres jumelles qui cherchent tant bien que mal à se faire équilibre.

Autrefois, quand le pouvoir venait de deux sources différentes, du peuple et de la famille royale, il pouvait y avoir dans la région où siège l'autorité, des dispositions et des rouages plus ou moins compliqués. Mais aujourd'hui que toute la puissance vient du peuple, la réglementation du pays peut être obtenue par des procédés simples.

Il semble bien que nous sommes arrivés au bout de cette évolution, dont presque tous les peuples sont travaillés et qui se résume dans les phases suivantes : au commencement, le roi et l'aristocratie dominent exclusivement. A la seconde étape, le pouvoir se partage entre l'aristocratie et le peuple. En troisième lieu, le peuple s'émancipe et devient seul maître à son tour.

En général, la période de partage est la plus courte; elle est compliquée, critique, fertile en embûches. Elle est anormale. Ce qui est normal, c'est la concentration du pouvoir dans une seule autorité, dans celle du roi, ou dans celle du peuple.

Loin d'être avantageuse, la dualité constitue une entrave à la confection des lois. Il convient pourtant que celles-ci puissent être faites aisément, rapidement, car elles répondent à des besoins du pays, quelquefois à des nécessités urgentes.

Elle produit des lois boiteuses, faites de transactions et de « cotes mal taillées ». Elle n'a pas souvent détourné les mauvaises lois.

On a coutume pour la défendre de mettre en avant la Convention. Une Chambre unique, dit-on, c'est le retour à 93. — Ce raisonnement, qui produit toujours beaucoup d'effet, est un lieu commun sans fondement réel. Il suffit de rappeler qu'au moment de la Terreur, il n'y avait plus aucune Chambre, et que le Comité du salut public était dictateur. Or, la dictature peut apparaître sous n'importe quel régime.

Pour garantir le législateur contre l'entraînement, il ne manque pas d'autres moyens. Une Chambre unique y sera, d'ailleurs, moins exposée qu'une Chambre accouplée à une autre; le sentiment de son entière responsabilité sera son premier frein.

Néanmoins, la dualité sera difficile à supprimer légalement, car, d'après l'organisation actuelle des pouvoirs publics, les changements constitutionnels ne peuvent être élaborés qu'avec l'assentiment préalable du Sénat. Or, celui-ci ne se prêtera pas, suppose-t-on, à sa propre suppression.

Pour l'y contraindre, au moins moralement, il n'y aurait qu'un seul moyen, un vaste pétitionnement émané de la majorité des électeurs.

Il se peut cependant que le patriotisme seul inspire les sénateurs, ou que la perspective d'avantages sérieux offerts aux membres du nouveau Parlement entraîne la majorité de ses membres.

Le projet ci-dessus donne, en effet, aux nouveaux députés, une situation préférable à celle des sénateurs amovibles actuels.

Quant aux sénateurs inamovibles, ils sont désintéressés. Quelles que soient les modifications apportées à la Constitution, ils doivent évidemment conserver leur rôle de législateur et leur traitement.

Combien en dehors de ceux-ci faudrait-il donc de sénateurs favorables au projet de réforme pour rendre possible un Congrès constituant?

Cent-treize. — C'est là, en définitive, un chiffre qui paraît pouvoir être atteint.

Art. 2.

Ces députés, mandataires et représentants du peuple, sont désignés par les électeurs politiques, répartis en un certain nombre de collèges électoraux et agissant par voie de délégations successives.

Art. 3.

Le Parlement exerce tous les droits du peuple, sous la réserve de l'action plébiscitaire:

Art. 4.

Il est secondé, pour l'accomplissement de sa mission, par un Conseil de rédaction législative, un Ministère chargé de l'Administration générale, et un Comité des censeurs.

TITRE II.

FORMATION DE LA REPRÉSENTATION NATIONALE.

CHAPITRE PREMIER

ORGANISATION ÉLECTORALE.

SECTION PREMIÈRE.

COLLÈGES ÉLECTORAUX POLITIQUES.

= « Les lois qui établissent le droit de suffrage sont fondamentales dans une démocratie » (Montesquieu).

Quoi de plus fondamental, en effet, que la détermination des conditions, dans lesquelles l'électeur excera son droit de souveraineté !

Placer les lois électorales hors de la Constitution, c'est commettre, en matière de droit public, une véritable hérésie. C'est absolument comme si dans une monarchie, on mettait hors de la Constitution les privilèges royaux, l'hérédité dynastique, les questions relatives à la régence, à la majorité du prince, etc...

A l'heure qu'il est en France, les lois électorales ne sont pas seulement laissées hors de la Constitution, elles sont mises hors du droit commun législatif. En effet, toute loi, de si minime importance qu'elle soit, doit, d'après la règle générale, être votée par les deux Chambres. Or, par suite d'un pacte implicite passé entre ces deux Chambres, la loi électorale du Sénat dépend du Sénat seul; la loi électorale des députés est laissée à la discrétion des députés eux-mêmes.

Art. 5.

Chaque collège électoral politique est représenté au Parlement par un nombre de députés proportionné au nombre des suffrages exprimés par les Électeurs de ce collège.

== Le nombre des mandataires doit, en principe, être proportionné au nombre des mandants. C'est une règle élémentaire, inspirée par le simple bon sens.

On laisse donc ici de côté : les étrangers, lesquels ne jouissent pas du droit de suffrage — les femmes et les jeunes gens en état de minorité, lesquels n'ont pas dans la société politique française la qualité de *membre actif* — les électeurs qui s'abstiennent de voter. Ceux-là abdiquent, en effet, leur droit souverain.

== Le rapport de la population totale à la population électorale n'est pas le même dans tous les collèges. Il y a encore là un motif pour ne pas prendre comme base de calcul, la population totale.

ART. 6.

Il y a un député par 20,000 suffrages exprimés. Une fraction supplémentaire de 15,000 suffrages exprimés, donne encore droit à un député.

Les votes en blanc sont comptés comme suffrages exprimés.

== Avec cette proportion, on aurait un Parlement, composé de 400 députés environ. C'est encore beaucoup, surtout si l'on se reporte par la pensée à l'immense République des États-Unis d'Amérique, où le total des sénateurs et des représentants est moins élevé. Il sera toujours difficile à une Assemblée de 400 membres de délibérer utilement.

Cependant, comme il faut assuser dans les collèges la représentation proportionnelle de toutes les opinions, il ne paraît guère possible de réduire quant à présent ce chiffre. — Il est vrai de dire que la discussion proprement dite trouve surtout sa place dans les Commissions, les discours prononcés en séance publique ayant plutôt le caractère soit de compte-rendu, soit de protestation, soit de harangue indirectement adressée au peuple.

On peut ajouter que le Comité de rédaction législative, dont il est question dans le présent projet, simplifierait beaucoup la discussion au sein du Parlement, tandis qu'aujourd'hui avec nos 600 députés, nos 300 sénateurs, nous avons un Conseil d'État qui reste pour ainsi dire étranger à la préparation des lois.

Il faut, d'ailleurs, rendre possible pour le Congrès l'acceptation des réformes. Le Congrès, se composant de 900 membres environ, sa majorité est de 451. Si on défalque les sénateurs inamovibles, elle est encore de 413. Pour entraîner cette majorité, il convient

de laisser disponibles au moins 400 places nouvelles plus avanta-
geuses que les anciennes.

Art. 7.

Les collèges électoraux sont délimités de telle manière qu'ils puissent,
eu égard à leur contingent électoral, prétendre à trois députés au moins
en supposant que tous les électeurs expriment leurs suffrages. Le maximum de la représentation d'un collège est de dix députés.

= Le projet veut assurer la représentation de toutes les opinions,
y compris celle des minorités.

Il admet comme règle que dans un collège, il peut y avoir trois
opinions au moins, l'opinion avancée, l'opinion moyenne ou sta-
tionnaire et l'opinion réactionnaire.

Il suppose que le nombre des partis dans un collège, même très
étendu, ne dépassera jamais le chiffre 10.

Il ne permet pas qu'un collège ait plus de dix représentants. Un
collège ainsi représenté aurait trop de force comparativement aux
autres; sa députation serait trop puissante et pourrait créer un
Parlement dans le Parlement. En outre, un collège assez nombreux
pour prétendre à plus de dix députés se composerait presque forcément de groupes d'électeurs ayant des intérêts différents.

Art. 8.

En règle générale, chaque département territorial forme un collège.

Il y a, toutefois, certains collèges formés, soit de la réunion de deux
départements, soit d'une fraction de département.

= Cinq départements seulement ne seraient pas assez peuplés
pour former à eux seuls un collège électoral. — Ce sont ceux où
l'effectif électoral est inférieur à 55,000.

Art. 9.

Tout département qui, d'après son contingent électoral, pourrait prétendre à plus de dix députés, est subdivisé en deux collèges. Celui qui
pourrait prétendre à plus de vingt députés, est subdivisé en trois collèges.

Ces subdivisions se composent, autant que cela se peut, d'arrondissements administratifs contigus.

= Le Nord serait divisé en deux collèges : le collège flamand et le
collège wallon. La Seine en trois collèges, Paris rive droite, Paris
rive gauche et la banlieue.

Art. 10.

Les départements qui ne comptent pas assez d'électeurs politiques pour pouvoir prétendre à trois députés, sont réunis, pour la formation du collège électoral, au département limitrophe le moins peuplé en électeurs. Le chef-lieu du collège électoral est, dans ce cas, au chef-lieu départemental qui compte le plus d'habitants.

Art. 11.

Les trois départements d'Algérie ne forment qu'un seul collège.

= Aucun des départements algériens n'est assez peuplé en électeurs pour avoir droit à trois représentants.

Il n'y a pas d'inconvénient à les réunir tous trois, car il y a entre eux une grande solidarité d'intérêts.

Art. 12.

Les autres possessions françaises ne nomment pas de députés.

= Dans les colonies, l'effectif des électeurs est insignifiant. La législature qui les régit est exceptionnelle et spéciale. En donnant à leurs très rares électeurs le droit d'élire des députés, on leur attribue une part de souveraineté de beaucoup supérieure à celle des citoyens de la métropole.

C'est au Conseil colonial, c'est-à-dire à l'administration, qu'il appartient normalement de veiller aux intérêts des colonies.

Les colons peuvent d'ailleurs, d'après ce projet, conserver ou établir leur domicile électoral en France et y voter par procuration.

SECTION II.

ÉLECTORAT POLITIQUE.

Art. 13.

Sont électeurs politiques tous les citoyens mâles et âgés de vingt-cinq ans accomplis, qui sont Français d'après les termes du Code civil et ne sont pas frappés d'incapacité électorale.

La majorité électorale est portée à vingt-cinq ans. C'est conforme à la tradition. Il en était ainsi avant la Révolution et sous la Constituante. — Il en est ainsi en Autriche, en Portugal, en Prusse, en Allemagne, en Danemark (trente ans), au Brésil et en Norwège.

Aujourd'hui, les jeunes gens de vingt et un à vingt-cinq ans sont divisés en trois catégories : 1° ceux qui sont valides et restent pendant cinq ans sous les drapeaux ; ceux-là ne votent pas du tout ; 2° les engagés conditionnels ayant versé 1,500 francs à l'État ; ceux-là sont admis à voter pendant trois ans sur quatre ; 3° les infirmes ; ceux-là seulement jouissent complètement de leur droit de vote. Il est inutile d'insister sur l'absurdité de cette répartition. Il n'est pas mauvais d'autre part que la fonction électorale, fonction importante et difficile, soit précédée d'un certain stage.

= Le total des électeurs de vingt et un à vingt-cinq ans représente à peu près le neuvième de la masse électorale. Mais comme on vient de le rappeler, à l'heure actuelle, la plus grande partie ne vote pas.

= Aux conditions de l'électorat, on aurait pu ajouter la qualité de contribuable. Nul en effet ne peut prétendre au titre de membre actif d'une société, tant qu'il ne participe pas à ses charges.

Mais aujourd'hui, avec la division des impôts en impôts directs et en impôts indirects, on peut dire que tous les habitants du pays sont imposés. Pour quelle somme? Ils n'en savent rien, ils n'en peuvent faire individuellement le calcul ; mais enfin ils participent plus ou moins inégalement aux charges communes. La qualité de contribuable n'a donc pas besoin d'être explicitement énoncée dans l'art. 13.

Il est possible, — et c'est à souhaiter, — que, dans l'avenir, les citoyens ne soient plus soumis qu'à une seule taxe directe, proportionnellement égale pour tous. Il sera temps alors de déclarer exclus du droit de suffrage ceux qui n'acquitteraient pas cette contribution.

Art. 14.

Les citoyens dont la vingt-cinquième année est accomplie sont inscrits d'office sur la liste électorale du lieu de leur naissance.

Ils ne peuvent être portés sur la liste électorale d'une autre commune qu'autant qu'ils fournissent leur extrait du casier judiciaire, et qu'ils justifient : 1° d'un avis donné par eux au greffier judiciaire de leur arrondissement natal, de leur intention de fixer leur domicile politique dans cette autre commune ; 2° de leur radiation sur la liste de leur précédent domicile politique.

= Ces dispositions ont pour but : 1° de faciliter l'entrée du nouvel électeur dans le corps électoral ; 2° de rendre impossible l'inscription du même électeur sur deux listes ; 3° d'assurer l'effet des décisions judiciaires relatives à la capacité électorale des citoyens; 4° de faire connaître, s'il en est besoin, à un moment donné, le domicile électoral de tel ou tel citoyen. Ainsi se trouvent concentrées dans l'arrondissement natal toutes les indications relatives à l'état civil, à l'état politique et à l'état judiciaire de chaque citoyen français.

Pour les étrangers naturalisés, le domicile qu'ils auraient au moment de leur naturalisation remplacerait leur lieu de naissance.

Art. 15.

Les électeurs ne peuvent avoir un domicile politique distinct de leur principal établissement, qu'autant qu'ils sont propriétaires ou locataires dans ce domicile politique, d'un immeuble d'une valeur locative de 50 fr. au moins.

Cette disposition ne s'applique pas aux électeurs établis hors de France ou d'Algérie, lesquels peuvent fixer leur domicile politique dans la commune métropolitaine qui leur convient le mieux.

Les électeurs peuvent, en tout cas, conserver leur domicile politique à leur lieu de naissance.

= Le lieu de naissance en effet est un point d'attache naturel qui a l'avantage de rester fixe.

Qu'il ne soit pas permis de fixer son domicile politique arbitrairement dans la première localité venue, cela se conçoit. L'électeur ne vote bien, c'est-à-dire avec intérêt et connaissance de cause, que là où il est « chez lui ». Il convient en outre d'empêcher les coalitions passagères, les groupements d'occasion qui faussent la représentation d'un collège.

Art. 16.

Le service militaire ne fait pas obstacle à l'exercice du droit électoral.

= La majorité électorale étant fixée à vingt-cinq ans, cet article s'appliquerait aux soldats rengagés et aux officiers.

L'interdiction de voter dont on a frappé jusqu'ici les militaires est contraire aux principes démocratiques et égalitaires. Les fonctionnaires civils votent; pourquoi les fonctionnaires militaires ne voteraient-ils pas?

Le métier militaire entretient les sentiments d'honneur et de patriotisme. L'élite de la jeunesse s'y adonne et s'y fixe. Pourquoi mettre politiquement en dehors du pays ses plus précieux éléments!

La discipline n'est pas incompatible avec l'exercice du droit électoral. Il reste à ce sujet un faux préjugé qu'il est temps de détruire. Il y a d'autant moins d'incompatibilité que les militaires voteront presque toujours par mandataire hors de leur garnison.

ART. 17.

Les électeurs, en cas d'absence ou de maladie, peuvent voter par mandataire.

Le mandataire *votif* doit être choisi parmi les électeurs de la commune. Il justifie de sa qualité en exhibant, au moment du vote, la carte électorale de l'électeur mandant.

Pour obtenir directement livraison de la carte électorale de l'électeur mandant, le mandataire votif doit être muni d'une procuration spéciale.

A l'étranger, cette procuration est dressée devant un consul français ou un officier municipal. Ces fonctionnaires attestent l'identité de l'électeur mandant.

En France et dans les Colonies françaises, la procuration votive est dressée sans frais, devant les maires des communes ou les officiers municipaux qui leur sont assimilés, moyennant la justification par l'électeur mandant, de son identité. Les maires se transportent même, à cet effet, s'ils en sont requis, au domicile des électeurs infirmes ou malades.

Les procurations qui émanent des militaires sont dressées devant les officiers d'intendance.

A la procuration votive peut être jointe une enveloppe scellée contenant le bulletin de vote de l'électeur mandant. Celui-ci fait alors mention de cette particularité sur sa carte électorale. L'enveloppe, dans ce cas, n'est ouverte qu'au moment du vote par le président du bureau.

= Cette disposition depuis longtemps réclamée fait rentrer dans le suffrage universel les voyageurs, les colons, les militaires, les électeurs indisposés ou malades. Elle apporte en outre à l'exercice du droit de suffrage une nouvelle facilité.

L'électeur qui aura retiré lui-même sa carte de la mairie pourra, s'il n'a pas le temps de voter, la passer à un autre électeur. La carte électorale devient ainsi comme un titre au porteur.

Ce n'est pas pour le vote à proprement parler que la procuration de l'absent ou du malade est nécessaire, c'est pour l'obtention de la carte électorale qu'elle est exigée.

La délivrance des cartes sous ce nouveau système devrait être faite avec plus de soin que jamais. — Il y a des communes où elles sont portées à domicile. C'est un procédé qui devrait disparaître. Elles resteraient à la mairie à la disposition des électeurs jusques et y compris le jour du vote.

Interdire le vote par mandataire, rendre la carte électorale incessible dans un temps où les voyages et les changements de résidence se multiplient, alors que les valeurs les plus considérables se transmettent de la main à la main, c'est commettre un archaïsme. Dans un pays où tous les actes légaux peuvent être accomplis par mandataire, où il n'est même pas explicitement défendu de se marier par procureur, c'est introduire une exception arbitraire, et laisser croire que le législateur retire volontiers d'une main ce qu'il accorde de l'autre.

N'ayons donc pas peur du suffrage universel. Puisqu'il est juste, il ne peut produire que du bien, dès lors qu'on en fait un usage régulier.

Art. 18.

Les électeurs politiques qui, à deux reprises successives, ont omis, dans le même domicile politique et sans excuse légitime, de prendre part au scrutin, sont privés, pendant cinq ans, de leur qualité d'électeur, par le Tribunal correctionnel, à la requête des officiers du Parquet. Cette privation s'opère sans frais.

= L'électorat constitue plutôt un droit qu'une charge. Il n'engendre pas pour l'électeur à proprement parler une obligation de voter.

Cependant l'abstention est préjudiciable à la chose publique. Le vote étant pour ainsi dire le recensement de l'opinion, si des électeurs s'abstiennent, s'ils ne se donnent même pas la peine de voter en blanc, il reste une lacune dans l'information qui doit inspirer le gouvernement. Quand ces électeurs rompent leur silence, après un temps plus ou moins long, il peut se produire des surprises.

D'autre part, l'abstention répétée ou prolongée peut, à bon droit, être considérée comme une abdication implicite. Dans toute assemblée ou société, le membre qui s'abstient, d'une manière continue, de prendre part aux réunions, est censé démissionnaire. On ne trouvera donc pas trop rigoureux qu'au bout d'un certain temps, l'électeur défaillant soit placé dans l'alternative de justifier son abstention ou d'être rayé de la liste électorale.

Donner à l'abstention une sanction prohibitive, c'est d'ailleurs indirectement pousser au vote et c'est mettre en honneur le suffrage universel, ce qui est bien conforme aux principes démocratiques.

Art. 19.

A l'expiration de ces cinq années, ils ne sont admis à une nouvelle inscription sur les listes électorales, qu'autant qu'ils s'engagent verbalement ou par écrit, devant le maire de leur domicile politique, à prendre part, à l'avenir, aux scrutins politiques.

En cas de récidive, ils sont privés définitivement, sauf amnistie ou grâce, de leur qualité d'électeur politique.

Art. 20.

Les officiers du Parquet sont tenus de poursuivre l'interdiction électorale des électeurs qui sont dans un état habituel de démence ou d'imbécilité. Cette action peut aussi être intentée par les électeurs de la commune où l'individu sujet à interdiction, à son domicile politique ; ces électeurs, agissant au nombre de trois au moins, et pouvant rester tenus solidairement, en cas d'insuccès, des frais judiciaires et de dommages-intérêts. Le défendeur à l'action en interdiction n'est, en aucun cas, passible de frais.

= Il y a maintenant des individus atteints d'imbécilité qui continuent à voter, personne n'ayant qualité pour demander leur interdiction civique. C'est un abus à faire disparaître.

= Le suffrage universel, en résumé, réclame une double amélioration. Il a besoin d'être renforcé par l'admission des militaires et des citoyens en déplacement. Il a besoin d'autre part d'être émondé par l'élimination des neutres et des incapables. — Donnons toute facilité aux patriotes de bonne volonté, et que les autres soient rayés. Le corps électoral sera ainsi condensé.

= La nécessité pour les électeurs d'agir au nombre de trois quand ils intentent l'action en interdiction, est édictée afin de prévenir les frasques qui pourraient être le fait d'un électeur unique, grincheux ou excentrique.

On remarquera que dans l'ensemble du projet, on se tient constamment en garde contre l'initiative d'un seul individu.

= La faculté de condamner aux frais le réclamant dont la demande est rejetée est inspirée par l'idée de prévenir les réclamations malveillantes ou mal fondées.

SECTION III.

ÉLIGIBILITÉ POLITIQUE.

Art. 21.

Pour être élu député, il faut être citoyen français, être âgé de 30 ans, et jouir de tous les droits civils, civiques et politiques.

= « Trente ans ». — N'est-il pas juste, en effet, que l'électeur, avant de devenir mandataire, s'acquitte exclusivement pendant quelques années de son rôle de mandant? Ne convient-il pas de demander pour le député quelques garanties de maturité et d'expérience ?

Art. 22.

Les citoyens attachés à un service public et soumis hiérarchiquement à la direction du ministère, ne peuvent être élus députés dans l'étendue du ressort où ils ont, depuis moins de trois ans, exercé leur emploi.

Art. 23.

Les membres du ministère sont absolument inéligibles. Leur inéligibilité se continue pendant les six mois qui suivent la cessation de leurs fonctions.

Art. 24.

Les citoyens qui aspirent à être nommés députés, font connaître leur candidature par une déclaration écrite adressée au vice-président du Conseil de préfecture siégeant au chef-lieu du Collège électoral.

Ils joignent, à cette déclaration, leur acte de naissance et leur extrait du casier judiciaire.

Il est défendu, sous peine d'inéligibilité, de se porter candidat, à la fois, dans deux circonscriptions où les opérations électorales sont concomittantes. Le nom des candidats est affiché, par les soins des maires, à la porte des mairies et des sections de vote.

== Il est bon que les candidatures soient affirmées par un acte formel. On évite ainsi les votes inutiles et on prévient l'hésitation chez les électeurs.

L'affirmation d'ailleurs ne présente par elle-même aucun inconvénient. En toute autre matière, elle est réglementaire. — Elle est obligatoire dans plusieurs pays.

Les candidatures seraient déclarées au chef-lieu du collège entre les mains du juge ou arbitre administratif. En attendant que le Conseil de préfecture soit réformé, que le préfet, tout au moins, cesse d'en être le président, c'est au vice-président de ce Conseil qu'il appartiendrait de les recevoir.

== La publicité donnée par les maires aux candidatures dispenserait dans une certaine mesure les candidats des frais d'affichage. Le projet, dans son ensemble, tend à mettre les candidatures à la portée des citoyens les moins riches, en les rendant, pour ainsi dire, gratuites.

== La défense qui est ici faite de poser sa candidature dans plusieurs collèges s'explique par trois raisons : 1° il ne convient pas de donner à un citoyen la faculté de se faire « plébisciter ». S'il réussissait, il serait trop puissant. Ce serait dangereux et contraire à l'égalité démocratique; 2° il ne faut pas compliquer d'incertitude et de calculs particuliers la tâche de l'électeur; 3° les candidats élus dans plusieurs circonscriptions donnent lieu à des élections complémentaires, c'est-à-dire à un supplément de frais et à un retour de fièvre électorale.

CHAPITRE II.

OPÉRATIONS ÉLECTORALES.

SECTION PREMIÈRE.

CHOIX DES DÉLÉGUÉE.

§ 1er. — Convocation des Électeurs.

= On ne saurait apporter trop de soin à la réglementation des opérations électorales. « La loi, dit Montesquieu, qui fixe la manière « de donner les billets de suffrage, est encore fondamentale dans « une démocratie ».

Les formalités qui se rapportent au vote populaire mériteraient d'être envisagées comme des rites religieux.

Quant à présent, ces opérations, depuis la formation des bureaux jusqu'au dépouillement des urnes, laissent beaucoup à désirer dans les villes, aussi bien qu'à la campagne.

Art. 25.

Quand il y a lieu de procéder, dans un collège électoral politique, au renouvellement de sa représentation, les électeurs en sont prévenus par la publication, dans chaque commune, d'un décret de convocation.

Art. 26.

Le scrutin est ouvert dans les deux mois qui suivent cette publication et quinze jours au plus tôt après cette publication.

Art. 27.

Le vote a lieu à la commune, un jour de dimanche.

§ 2. — Bureaux électoraux.

Art. 28.

Les communes qui ont plus 1,000 électeurs sont divisées en sections, de telle sorte qu'il n'y ait jamais plus de 1,000 électeurs pour un bureau électoral.

= Si le scrutin est ouvert, comme il convient, de 8 heures du matin à 4 heures du soir, il y aurait ainsi place pour deux votes par minute.

Cette disposition prévient les désordres qui pourraient résulter de l'encombrement, et assure un prompt dépouillement du scrutin.

ART. 29.

Les bureaux électoraux sont composés d'un président et de deux assesseurs.

ART. 30.

Le président est choisi parmi les conseillers municipaux et, ensuite, s'il y a lieu, parmi les juges civils ou commerciaux, les licenciés en droit et les officiers ministériels, dans l'ordre ci-dessus.

Il est désigné par le maire, cinq jours au moins avant le vote.

= Le choix des membres du bureau ne peut être livré à l'arbitraire. La qualité de politicien n'est pas un titre suffisant pour en faire partie. L'impartialité, la connaissance des lois électorales sont les premières conditions à remplir.

ART. 31.

Le maire désigne, en même temps, un vice-président, chargé de remplacer, en cas de besoin, le président. Ce vice-président est choisi, comme le président, dans les catégories de personnes indiquées plus haut (art. 30).

ART. 32.

Le président du bureau électoral est chargé du maintien de l'ordre et de la rédaction du procès-verbal de vote. Il a sous ses ordres, pour garantir la régularité des opérations du scrutin, un certain nombre de militaires libérés du service actif et domiciliés dans la commune.

A défaut de militaires, le maire désigne des gardiens civils du scrutin.

= Il est prudent de fournir au président une force coërcitive.

L'aspect de cette force peut en outre contribuer à assurer le respect du scrutin.

Cette garde d'honneur revient de droit aux jeunes soldats porteurs de l'uniforme et encore maintenus dans la discipline militaire. A défaut de réservistes, on prendrait des hommes de l'armée territoriale.

ART. 33.

Les assesseurs sont choisis parmi les électeurs domiciliés civilement dans la commune.

Ils sont désignés le dernier dimanche avant le jour du vote, par le maire, dans une réunion publique tenue et présidée par lui, à la mairie.

Il en est dressé une liste d'ordre, assez longue pour suffire amplement aux besoins du scrutin.

ART. 34.

La préférence pour l'inscription sur cette liste est accordée aux électeurs originaires de la commune, actuellement mariés et pères de famille ; et, parmi eux, à ceux qui se rapprochent le plus de l'âge de 40 ans, soit en deçà, soit au delà, le tirage au sort restant toujours comme dernier moyen de départ, entre les concurrents.

= Grâce aux mesures prescrites par les art. 33 et 34, tout ce qui concerne l'organisation des bureaux est réglé avant le moment du scrutin.

= Tout électeur peut être assesseur. Si plusieurs électeurs réclament en même temps ce rôle, l'ordre de préférence à suivre à leur égard est réglé d'une manière rationnelle.

Une prime est donnée : 1° à l'origine autochtone de l'électeur ; 2° à l'état de chef de famille ; 3° à l'âge de quarante ans, c'est-à-dire à l'âge de la pleine maturité.

Ces trois qualités justifient et expliquent l'avantage qui y serait attaché.

Aujourd'hui, la qualité d'assesseur est le prix de la course pour celui qui arrive premier à l'ouverture du scrutin. Entre les prétendants, on est tenu de choisir les plus vieux et les plus jeunes, c'est-à-dire à *priori* les électeurs qui, par leur âge même, présentent le moins de garanties.

ART. 35.

Aucun assesseur ne peut rester présent au scrutin, pendant plus de six heures consécutives.

= On voit actuellement des assesseurs faire leur service du matin jusqu'au soir, tantôt par excès de zèle, tantôt pour ne pas céder la place à un autre. A la fin, leur attention doit être fatiguée. Il n'est pas juste que l'urne soit ainsi accaparée.

ART. 36.

A défaut d'électeurs réclamant la qualité d'assesseurs, le maire, par un arrêté, en désigne d'office. Les assesseurs ainsi désignés ne peuvent être astreints à une présence de plus de deux heures.

= Aujourd'hui, le premier venu parmi les électeurs, un inconnu, porteur d'une carte électorale, peut participer aux opérations du bureau. Cette intrusion est dangereuse.

Le rôle de l'électeur ordinaire se borne à être spectateur et à faire des observations, s'il y a lieu.

ART. 37.

Les assesseurs secondent le président du bureau dans toutes les opérations électorales, notamment dans le dépouillement des votes.

S'il en est besoin, le président du bureau peut, en outre, faire appel à la collaboration d'employés désignés par le maire.

ART. 38.

Les présidents, vice-présidents et assesseurs, régulièrement désignés, qui se refusent, sans raison légitime, à remplir leur mission et entravent, ainsi, les opérations électorales, encourent une condamnation correctionnelle à l'amende (maximum, 5,000 francs), et peuvent même être privés, soit temporairement, soit définitivement (sauf amnistie ou grâce), de leur qualité d'électeur politique.

= La peine de l'emprisonnement ne semble pas convenir en matière électorale. Une peine civique est plus appropriée à la faute, pourvu qu'elle soit doublée d'une amende équitable.

ART. 39.

Toutes les difficultés antérieures au vote sont soumises au juge cantonal qui statue d'urgence et définitivement, sauf recours, dans le seul intérêt de la loi, soit par les fonctionnaires de l'État, soit par les électeurs. Les électeurs, dans ce cas, agissent suivant les conditions indiquées à l'article 20.

= Dans les mesures préparatoires du vote rentrent toutes celles qui ont trait à la désignation des délégués et dont il va être question aux art. 47 et suivants.

§ 3. — Vote.

ART. 40.

Le vote des électeurs a pour objet la désignation de *délégués électoraux*, Ceux-ci restent chargés de continuer les opérations électorales jusqu'à la désignation des députés.

= Les électeurs, d'après ce projet, ne nomment plus directement les députés.

Le vote d'une commune aboutit à la désignation d'un certain nombre de délégués choisis parmi les électeurs de cette commune.

C'est une première délégation, un premier degré. — Il y en aura d'autres.

= Pourquoi cette réforme ? Parce que la première condition du vote, c'est qu'il soit éclairé et libre. Or, dans les campagnes, dans les villes, il y a des électeurs qui n'ont jamais vu les candidats à la députation, qui ne leur ont jamais parlé, qui ne les connaissent pas, qui sont incapables de les apprécier par eux-mêmes. Ces électeurs ne peuvent voter directement. Ou ils votent alors au hasard, ou ils s'abstiennent, ou ils prennent conseil d'un autre électeur, ce qui équivaut en fait à la désignation d'un délégué.

Pour régler les conditions du vote, il est bon d'avoir devant les yeux l'électeur type. Quel est ce type auquel l'exercice du droit de suffrage doit être adapté?

Est-ce l'électeur très informé, le politicien versé dans l'organisation respective des partis? Non.

Est-ce l'électeur moyen que ses relations cantonales, son instruction relative tiennent à demi informé? Non encore. — Le choix de ce type laisserait en dehors du suffrage ceux pour lesquels l'égalité du vote a été précisément édictée, c'est-à-dire les humbles, les faibles, les ignorants; c'est-à-dire la majorité des électeurs.

C'est à l'électeur le moins informé qu'il faut penser, à celui dont les relations ne dépassent pas le village et l'atelier. Or, celui-là n'est pas susceptible de nommer judicieusement les représentants d'un collège électoral. Il ne peut que s'en remettre à un délégué choisi en connaissance de cause parmi les compatriotes et voisins.

Ne craignons pas d'être logique. Si nous voulons une égalité sincère et vraie, il nous faut pour le premier degré du suffrage nous mettre tous sur le pied du moindre d'entre nous (les personnalités exceptionnelles étant naturellement laissées hors de cause). L'égalité est un niveau, dont l'effet est d'abaisser toutes les supériorités. Au premier degré, le suffrage universel ne peut donc être que très élémentaire.

Le scrutin uninominal d'arrondissement répond à peu près à l'aptitude de l'électeur moyen.

Le scrutin de liste exige des électeurs très informés. C'est là ce qui le rend absolument inconciliable avé le vote direct.

Le scrutin de liste avec le vote direct, c'est non seulement l'écrasement des minorités, c'est encore la confiscation pure et simple du suffrage universel au profit des Comités qui dressent les listes.

Le scrutin par délégués est fait à la mesure du vrai type de l'électeur français actuel.

= Le vote par délégués est encore imposé par d'autres nécessités.

Lui seul permettra de remédier aux vices actuels du suffrage universel, vices énormes qui font de ce suffrage, si juste dans son principe, une machine politique très imparfaite, très aléatoire et conséquemment très dangereuse.

Ces vices sont les suivants :

1° Actuellement la majorité des votes ne porte pas; elle reste inutile et perdue dans le néant. La majorité des électeurs est donc dépourvue de représentation. En effet, par suite des compétitions, les élus n'arrivent en moyenne à représenter dans leur masse que 45 °/₀ des électeurs votants.

Le pays peut donc tomber dans la main d'une minorité.

2° Les députés ont le même pouvoir parlementaire avec des valeurs représentatives quelquefois fort différentes. Il en est ainsi particulièrement avec le scrutin uninominal. Tel député qui bénéficie d'un second tour de scrutin avec un nombre de voix insignifiant, est assimilé à celui qui représente cent mille électeurs.

3° La représentation proportionnelle des opinions est impossible — et pourtant si «la majorité est la loi des décisions», comme l'a dit M. Naville, «la proportionnalité est la loi des représentations».

Aujourd'hui, les élections sont des luttes; elles devraient être un classement. C'est dans l'intervalle des scrutins, et non au moment du vote, que les forces respectives des partis peuvent avoir à se modifier par l'effet de la propagande ou des événements.

Le projet ci-dessus supprime ces trois imperfections.

= Certains politiciens ont fait courir le bruit que le vote direct est théoriquement le seul et unique mode d'action du suffrage universel. Rien n'est moins vrai. Le beau suffrage vraiment qu'un suffrage direct avec lequel on perd plus de la moitié des voix !

Le suffrage universel, c'est simplement l'égalité dans le vote, quel que soit ce vote.

Comment prétendre qu'aujourd'hui, avec les trois vices qui viennent d'être rappelés, l'égalité existe autrement que dans les mots.

Il y a des électeurs qui ne sont pas représentés du tout; il y en a qui le sont trop largement; il en est un grand nombre qui votent forcément en aveugles.

On vote encore par acclamation comme si nous en étions toujours aux champs de Mai. On trouve cela simple, et cette simplicité paraît le dernier mot de l'art politique.

Ce système peut faire les affaires d'un dictateur ou de quelques politiciens, mais il ne saurait convenir à des citoyens qui, ayant le sentiment de leur responsabilité, veulent apporter dans les affaires publiques l'indépendance et la prudence qu'ils mettent dans leurs affaires privées.

D'autre part, on admet un Sénat élu par degrés au nombre de trois. On sait fort bien, d'ailleurs, que dans certaines démocraties étrangères, aux États-Unis notamment, le vote populaire s'opère souvent par échelons.

Qu'on veuille bien comparer la valeur politique du Sénat, et celle de la Chambre des députés. On trouvera peut-être que le Sénat présente plus de garanties de sagesse et de stabilité. Il est, il est vrai, gêné dans ses agissements par la perspective de la suppression; il la pressent, et il cherche instinctivement à se prolonger autant qu'il le peut. Mais qu'on le suppose débarrassé de ce souci, il nous donnera l'image d'une Assemblée délibérante vraiment digne d'estime et d'admiration. Qu'est-ce que cela prouve? la supériorité du suffrage par délégation.

Qu'on ne vienne pas sans cesse répéter : « le suffrage universel « est *simpliste*, il est simpliste dans ses conceptions, dans ses « actes, etc. » Il n'est pas possible de faire agir, comme un seul homme, un souverain à dix millions de têtes.

Dès lors que le suffrage universel veut gouverner, il faut bien qu'il se prête à une organisation quelconque, à un machinisme analogue à celui de l'armée.

C'est en vérité lui faire irrespectueusement son procès que d'appuyer avec tant d'insistance sur la simplicité de son esprit.

Art. 41.

Chaque électeur désigne par son vote un seul délégué, lequel porte le nom de *délégué votif*.

== « Délégué électoral » est une appellation commune à tous les délégués quel qu'en soit le degré. — « Délégué votif » est le titre particulier du délégué du premier degré.

Art. 42.

L'électeur qui se présente pour voter doit être porteur de sa carte électorale et d'un bulletin en papier de cinquante centimètres carrés environ, sur lequel il a écrit ou fait écrire le nom de son délégué.

Art. 43.

Après avoir fait vérifier sa carte par le bureau, et avoir été émargé sur la liste électorale, il remet son bulletin plié en quatre, au président du bureau qui le dépose dans l'urne.

Art. 44.

Les cartes électorales et les bulletins blancs sont préparés par les soins de l'administration centrale, aux frais des communes.

= On retrouve ici la trace de cette préoccupation particulière : diminuer, supprimer même les frais de candidature.

Chacun sait que les élus, dont la candidature a coûté cher, sont exposés à une pernicieuse tentation, celle de vouloir rattraper leurs fonds en battant monnaie avec leur titre.

Aujourd'hui, pour être candidat, il faut être riche ou subventionné.

= Les communes devront d'autant mieux rester chargées des frais qui les concernent, qu'il ne viendra pas à l'idée des délégués de faire imprimer des bulletins avec leurs noms.

Ces délégués, en effet, n'ont, comme on va le voir, aucun motif pour s'induire eux-mêmes en dépenses.

Art. 45.

Les difficultés qui s'élèvent, pendant le cours du vote, sont tranchées provisoirement et sous toutes réserves, par le bureau électoral, le président ayant voix prépondérante.

Art. 46.

Après le dépouillement, le président dresse un procès-verbal, dont une copie (contenant notamment l'indication du nombre de suffrages exprimés) est immédiatement envoyée au vice-président du Conseil de préfecture siégeant au chef-lieu du collège électoral.

= On se rappelle, en effet, que le nombre des candidats à nommer dépend du nombre de suffrages exprimés, y compris les bulletins blancs.

§ 4. — Condition des délégués.

= Le délégué est l'homme de confiance de l'électeur communal, son ambassadeur, son messager.

Pour qu'il ne soit pas tenté d'abuser de ses pouvoirs, il convient qu'il soit prémuni contre l'influence des candidats ou des gouvernants, et qu'il n'aît aucun intérêt personnel en jeu.

Le titre de délégué électoral serait donc un véritable titre d'honneur.

ART. 47.

Les électeurs disposés à accepter les fonctions de délégué votif doivent en faire préalablement la déclaration au maire.

Leurs noms sont affichés à la mairie, au fur et à mesure de leurs déclarations. La liste en est, en outre, placardée à l'entrée du local où a lieu le vote.

ART. 48.

Les délégués votifs doivent être domiciliés civilement dans la commune, être âgés de 30 ans et ne recevoir aucun salaire de l'État.

= « 30 ans. » Il est juste, comme on l'a déjà dit, d'exiger un peu plus d'expérience technique du mandataire que du mandant.

= « Domicilié civilement ». — En règle générale, l'électeur ne peut bien connaître que les personnes qui demeurent habituellement dans la commune.

ART. 49.

Ils ne peuvent faire partie du bureau électoral de leur commune, à moins qu'ils ne soient conseillers municipaux.

ART. 50.

Il y a incompatibilité entre le rôle de délégué et celui de candidat à la députation.

ART. 51.

Les délégués ne peuvent recevoir du ministère, ni distinctions honorifiques, ni emplois rétribués, pendant tout le temps que la représentation collégiale, à la formation de laquelle ils ont pris part, reste en fonctions.

Cette interdiction ne s'étend pas aux circonstances de guerre ou de calamité, non plus qu'aux effets normaux d'une admission, par voie de concours, dans un service public.

ART. 52.

Les délégués qui se refusent, sans raison légitime, à accomplir régulièrement leur mission, encourent une condamnation correctionnelle à l'amende (maximum : 5,000 francs) et peuvent être en outre privés, soit temporairement, soit définitivement (sauf amnistie ou grâce) de leur qualité d'électeur politique.

L'action publique est exercée dans ce cas, comme il est dit à l'art. 20.

SECTION II.

ATTRIBUTIONS DES DÉLÉGUÉS.

= Les délégués votifs ne nommeraient pas directement les députés. Leur vote direct présenterait encore plusieurs des inconvénients du vote actuel.

Pour faire une bonne élection, quand il y a plusieurs candidats à élire, il est à désirer : 1° que ceux qui nomment les représentants puissent conférer entre eux; 2° qu'ils puissent émettre leur vote dans une seule et unique localité.

Ces conditions sont aujourd'hui réunies pour le vote sénatorial. — Pour la masse des candidats votifs, elles seraient impraticables.

Les délégués votifs pourraient, il est vrai, être peu nombreux dans chaque commune ou section. A la rigueur, un seul suffirait par bureau électoral, mais il pourrait aussi y en avoir beaucoup; leur quotité n'étant pas limitée.

Le nombre de communes étant toujours de plusieurs centaines par collège électoral, on doit dans tous les cas s'attendre à la désignation d'un nombre considérable de délégués votifs. On ne peut donc pas penser à les réunir au chef-lieu du collège pour une conférence suivie de vote.

Comment faire alors? — De la délégation votive, on extrairait, suivant le projet, une subdélégation restreinte qui serait la délégation communale. Il y aurait tout d'abord comme un tassement, une condensation du premier produit électoral.

Les délégués votifs désigneraient un certain nombre d'entre eux comme *délégués communaux.* — Combien en désigneraient-ils? — Dix au plus par application de cette présomption énoncée plus haut, à savoir qu'il n'y a jamais en cours plus de dix opinions politiques sérieuses.

Supposons un collège composé de 300 communes et dix délégués communaux par commune; le total de ces délégués serait de 3,000. C'est évidemment un chiffre trop élevé pour que ces délégués puissent se réunir, conférer entre eux et voter ensemble.

En règle générale, les réunions trop nombreuses sont à éviter, quand il s'agit de délibérer. L'homme n'est pas le même dans une grande assemblée que dans un petit groupe; il y est moins maître de soi. Il s'élève dans les foules des courants accidentels préjudiciables à l'empire de la saine raison. Les timides et les modérés sont neutralisés par des audacieux, des passionnés ou des bavards qui sont souvent beaucoup moins sensés qu'eux.

Que se passerait-il donc? — Les délégués communaux d'un canton se condenseraient à leur tour en une délégation cantonale de dix membres au plus. — Et ce ne serait pas fini. — Les délégués cantonaux d'un même arrondissement auraient encore à extraire de leurs groupes des délégués d'arrondissement, dix au plus.

Ceux-ci nommeraient les députés.

Qu'on veuille bien le remarquer. Ce procédé a déjà été mis en usage dans beaucoup de départements pour la désignation des candidats lors du dernier scrutin de liste, avec ces différences toutefois qu'il y avait autant de séries de comités et de sous-comités que de partis militants et que les délégués n'étaient pas toujours régulièrement élus.

Cette hiérarchie semble être commandée tout à la fois par le bon sens, la nature des opérations électives et la disposition administrative des collèges.

Quelle complication! dira-t-on. Complication! Oui, si on compare ce système au vote actuel qui est un suffrage universel barbare, antiscientifique; non, si on le met en présence du but à atteindre: faire voter rationnellement dix millions d'électeurs.

L'armée n'est-elle pas une organisation compliquée? lui préférerait-on une cohue?

Aux États-Unis d'Amérique, l'élection présidentielle est la plus importante de toutes les élections politiques. Se fait-elle directement? Point du tout; elle se fait aussi par échelons et ses opérations durent plusieurs mois.

Que l'on compare ce vote par délégués au vote cumulatif, au vote limité et aux autres, on verra qu'il est d'une compréhension plus facile, d'une manœuvre plus simple et surtout d'une plus grande efficacité.

C'est-à-dire qu'avec lui l'électeur est sûr d'atteindre le but qu'il vise, tandis qu'avec les autres systèmes préconisés à l'étranger, il reste exposé à bien des surprises.

= Si plus tard on désirait substituer aux collèges départementaux des circonscriptions électorales ayant l'étendue d'une province, ou même un collège unique englobant toute la France, il n'y aurait qu'à ajouter un ou deux triages à ceux qui sont ici proposés dès à présent.

ART. 53.

Dans les huit jours qui suivent le scrutin, le juge de paix se rend dans toutes les communes et sections de son canton, suivant un itinéraire publié à l'avance.

= Si dans la pratique, huit jours ne pouvaient pas suffire, on remplacerait ce délai par un terme de quinzaine.

ART. 54.

Les délégués votifs se réunissent devant lui, à la mairie, sous la présidence de celui d'entre eux qui a obtenu le plus grand nombre de voix, et, en cas de concurrence entre plusieurs délégués, sous la présidence de celui qui, étant originaire de la commune, marié et père de famille, se rapproche le plus de l'âge de 40 ans.

= Le fonctionnaire assisterait à la réunion sans la présider. Il serait comme le directeur d'un jury civil, un auxiliaire, un guide, et au besoin un interprète de la loi. Il veillerait à la police de la réunion et à la rédaction des procès-verbaux.

ART. 55.

Ainsi réunis, ils répartissent entre eux les voix émises au scrutin, de telle sorte qu'il ne reste pas plus de dix délégués par bureau électoral. Ces derniers sont appelés *délégués communaux* (ou de second degré).

ART. 56.

Si cette répartition ne peut se faire à l'amiable, elle doit, à la suite d'un certain délai fixé administrativement, s'opérer légalement suivant un ordre de cession commençant par celui des délégués votifs qui a le moins grand nombre de voix, l'avantage restant toujours acquis, en cas d'égalité numérique de voix, au délégué qui se trouve dans les conditions indiquées plus haut (art. 54).

= Exemple de répartition amiable.

Quarante délégués votifs,. porteurs tous ensemble suivant des quote-parts différentes, d'un total de 800 voix. Il y a quatre opinions seulement à représenter. Quatre délégués communaux suffiront. Quels seront-ils? Cela dépendra de l'entente à établir entre les délégués du premier degré.

A la rigueur, des délégués d'opinions différentes pourraient transmettre leurs voix au même subdélégué, avec la recommandation expresse d'en faire le départ dans l'attribution ultérieure des voix. Il n'y aurait pas lieu pourtant de conseiller dans la pratique ce genre de transmission.

= Exemple de répartition légale.

Quarante délégués votifs représentant ensemble 800 voix. Aucun de ces délégués ne veut être le premier à se dépouiller de ses votes; aucun ne prend l'initiative d'une fusion; cette réserve tient à ce que chacun souhaiterait devenir délégué cantonal, ou à quelque autre raison, soit personnelle, soit accidentelle. Ou bien encore admettons-le, ces quarante délégués représentent quarante opinions différentes qui sont à leurs yeux inconciliables. Qui est-ce qui opèrera le premier la cession? Ce sera celui qui aura le moins de voix. Le bon sens le décide ainsi. Ce délégué donnera ses suffrages soit à un seul de ses collègues en bloc, soit à plusieurs d'entre eux par séries partielles.

Celui qui restera après cette première cession avec le moins grand nombre de voix se défera à son tour de ses suffrages.

Si deux délégués ont le même nombre de voix, l'avantage restera, comme il est dit à l'article 53, au délégué natif de la commune, sur le délégué né hors de la commune; à l'homme marié, sur le célibaiaire; au père de famille, sur le citoyen sans enfants; à l'homme de quarante ans, sur l'homme plus âgé ou plus jeune. Cet avantage consistera naturellement à ne transmettre ses suffrages qu'en second lieu.

= Un certain délai, — deux ou trois heures environ, — serait naturellement imparti pour l'essai de répartition amiable.

Ce délai pourrait varier suivant les lieux et les circonstances. C'est pour ce motif qu'il est bon d'en laisser la fixation au gouvernement. La pratique donnerait à ce sujet d'utiles indications.

Art. 57.

Cette répartition s'opère ostensiblement, de telle sorte que l'origine des suffrages cédés à un délégué communal, reste exactement connue.

= En autres termes, le subdélégué doit toujours savoir de quel délégué il procède et combien de voix il en a reçues. Cette disposition trouverait son utilité dans le cas où les opérations électorales devraient être partiellement reprises dans l'intervalle de deux élections générales. Dans ce cas en effet, si un délégué à un degré quelconque fait défaut par empêchement ou par suite de décès, ses commettants ou ses parrains, c'est-à-dire ceux dont il est le sub-

délégué, sont appelés à le remplacer. Il est donc nécessaire que la
chaîne tout entière des délégués reste bien en lumière avec le
chiffre de voix correspondant à chacune de ses divisions.

ART. 58.

Les délégués ont la faculté, à quelque degré qu'ils appartiennent, d'o-
pérer en tout ou en partie le retrait et la suppression des suffrages dont
ils sont nantis.

Ces retraits doivent toutefois faire l'objet d'une déclaration expresse.

= Les délégués peuvent, en règle générale, disposer comme ils le
jugent convenable des voix dont ils sont nantis. Pour ne parler que
du délégué votif, le mandat qu'il reçoit est comme un blanc-seing.
L'électeur qui le choisit s'en rapporte absolument à lui.

Il va sans dire que le candidat à la délégation votive peut à
l'avance s'engager sur sa parole à ne retirer aucun suffrage; que,
d'autre part, les électeurs peuvent être admis à demander compte
à leurs délégués votifs de la manière dont ils auront rempli leur
mission.

Mais en droit, le vote devant être secret et par conséquent anonyme, il va de soi que le délégué votif est maître d'user comme il
l'entend des suffrages qu'il a reçus.

La règle est la même pour les subdélégués. Cependant, en ce qui
les concerne, il pourrait y être dérogé. Les transmissions de suffrage ne sont pas, comme le vote, muettes et anonymes, et il ne
serait pas défendu à un délégué cantonal de céder ses suffrages avec
cette condition, à savoir que son subdélégué d'arrondissement ne
pourrait en aucun cas en retirer, c'est-à-dire s'abstenir d'en faire
emploi.

ART. 59.

Le premier dimanche après le scrutin, les délégués communaux d'un
même canton se réunissent au chef-lieu de ce canton, dans le prétoire,
en présence du juge de paix et sous la présidence du délégué qui représente le plus grand nombre de voix.

Ils procèdent alors entre eux, suivant le mode indiqué plus haut (art. 55
et suivants), à une deuxième répartition ayant pour objet la désignation
de *délégués cantonaux* (ou du troisième degré) au chiffre maximum de dix
par canton.

ART. 60.

Une troisième répartition a lieu dans les mêmes conditions, le dimanche suivant, au chef-lieu d'arrondissement, entre les délégués can-

tonaux réunis dans la salle d'audience du tribunal, en présence du président de ce tribunal.

On y désigne les *délégués d'arrondissement* (ou du quatrième degré).

ART. 61.

Ces derniers se réunissent le dimanche suivant, au chef-lieu du collège électoral politique, en présence du vice-président du Conseil de préfecture et distribuent leurs suffrages entre les noms des candidats à la députation.

ART. 62.

Cette distribution s'opère de la même manière que les répartitions précédentes. Elle se fait amiablement, si c'est possible ; sinon, après un délai d'attente fixé administrativement, elle a lieu légalement, en commençant par l'attribution des voix appartenant au délégué nanti du plus grand nombre de suffrages.

= La distribution amiable serait toujours préférable.

Il n'est pas impossible qu'en fait elle devienne la règle.

= Dans le cas où la répartition se ferait légalement, il est juste de laisser au délégué qui a le plus de voix l'avantage de placer le premier ses suffrages. C'est encore le bon sens qui le veut ainsi.

= Exemple de distribution amiable :

Qu'on suppose un collège composé de cinq arrondissements. Le total des délégués est de vingt-quatre. Le total des voix dont ils sont nantis est de 100,000. Combien y a-t-il de candidats à élire ? Cinq. Combien y a-t-il de candidats ? Dix. Or, il arrive que les vingt-quatre délégués s'entendent entre eux, soit en présence du Conseiller de préfecture, soit en dehors du local administratif où a lieu leur réunion officielle, et l'un d'eux présente au nom de tous au Conseiller de préfecture, chargé de les assister, une note indiquant le nom des cinq députés élus avec le nombre des suffrages qui leur sont attribués et le nom des délégués qui leur ont donné leurs voix. Rien n'est plus simple.

= Exemple de distribution légale :

Mêmes conditions que pour la distribution amiable. Le délai de deux ou trois heures laissé pour ce genre de distribution est, nous l'admettons, écoulé. Le délégué le plus important, c'est-à-dire celui qui a le plus de suffrages, prend les devants et commence. Il attribue les voix comme il l'entend ; il les colloque par masse ou les éparpille à son gré. Après lui viennent les autres délégués suivant l'importance décroissante de leur contingent de suffrages. Chacun vient à son tour épuiser l'ensemble des suffrages dont il est chargé.

La tactique à suivre pour ces délégués varierait suivant les circonstances.

= Dans la pratique, on pourrait se servir de tableaux au nom des candidats. On noterait sur chacun de ces tableaux, avec les voix attribuées au candidat, le nom du délégué qui en aurait fait l'attribution.

Art. 63.

Le nombre des candidats à élire est fixé par le Conseil de préfecture, suivant le nombre total des suffrages exprimés dans les communes.

Art. 64.

Le total des voix représentées par les délégués d'arrondissement étant divisé par le nombre des candidats à élire, le quotient ainsi obtenu représente le nombre de voix que chaque candidat peut, au maximum, obtenir.

= Exemple : un collège électoral compte 100,000 électeurs inscrits; il peut donc prétendre à cinq députés. Mais lors du vote, il y a eu seulement 85,000 suffrages exprimés. Les délégués ne peuvent donc nommer que quatre députés. 85,000 divisés par 4 donnent 21,500. — 21,500 est le quotient afférent à chacun des députés.

Quand l'un d'eux aura atteint ce chiffre, son choix sera fixé, sa mesure sera comble, il sera élu. On ne pourra pas lui donner de suffrages supplémentaires. A quoi cet excédent pourrait-il servir, sinon à rompre inutilement l'égalité entre les députés?

Il n'est plus question, on le voit, de scrutin uninominal ni de scrutin de liste. C'est d'une simple répartition qu'il s'agit.

Art. 65.

Sont élus les candidats qui obtiennent le maximum ainsi fixé, et après eux, ceux qui obtiennent relativement le plus de voix, pourvu qu'ils recueillent au moins le quart du quotient fixé. Aucun candidat ne peut être élu en dessous de ce minimum du quart.

= Il ne convient pas en effet d'envoyer au Parlement un député qui ne représenterait qu'un nombre infime de suffrages, et peut-être une simple coterie, c'est-à-dire un groupe qui n'aurait même pas droit au titre de minorité parlementaire.

Les délégués d'arrondissement, en disséminant par trop leurs suffrages, pourraient, on le voit, arriver à faire perdre un député ou même plusieurs à la représentation de leur collège.

ART. 66.

Le public, à l'exclusion des femmes, est admis à toutes les réunions de délégués, quelqu'en soit le degré.

La police, en ce qui le concerne, est laissée aux fonctionnaires désignés plus haut, comme devant assister à ces réunions.

= Toutes les opérations électorales sont publiques, sauf le vote de l'électeur qui continue à être secret. Cette publicité est une garantie de régularité et permet à l'électeur de suivre son suffrage le long de la filière électorale.

Le public qui assiste aux réunions ne devrait logiquement se composer que des électeurs, mais dans la pratique, il serait difficile d'exiger des assistants la justification de leur capacité électorale. Les hommes, indistinctement, y seraient admis.

Les femmes, au contraire, en resteraient absolument exclues. Les opérations électorales ne les concernent pas, et il est inutile de leur en donner le goût. Les attirer sur le terrain politique, ce serait créer pour l'avenir une source particulière d'embarras pour l'État.

ART. 67.

Les délibérations, s'il y a lieu, y sont prises à la majorité des délégués, le président ayant voix prépondérante en cas de partage.

ART. 68.

Les frais de déplacement des délégués sont à la charge du budget départemental.

SECTION III.

VÉRIFICATION DES ÉLECTIONS.

= Ce projet décharge le Parlement du soin de vérifier les pouvoirs de ses membres.

= Inconvénients de la vérification des pouvoirs telle qu'elle se pratique aujourd'hui à la Chambre des députés :

1° Lors du renouvellement périodique de la Chambre, elle retarde l'examen d'affaires qui souvent se présentent avec un caractère d'autant plus urgent que le travail législatif, déjà ralenti à l'approche des élections, a été complètement suspendu pendant la période électorale ;

2° Elle peut donner lieu à des abus de pouvoir, les décisions de la Chambre étant souveraines et sans recours ;

3° Les députés exercent leur mandat avant d'avoir leurs pouvoirs vérifiés. Il en résulte que plusieurs d'entre eux, destinés à être invalidés et non réélus, vicient par leur collaboration irrégulière un certain nombre de lois ;

4° Le procédé actuel est blessant pour l'amour-propre. On n'admet pas quelqu'un dans une maison pour l'en chasser après.

= La vérification actuelle peut encore donner lieu à d'autres critiques. La Chambre n'est pas bien apte à juger des affaires contentieuses et personnelles. Le mandat donné au député de Marseille ne comprend pas la mission de vérifier les agissements des électeurs et des candidats de la Loire-Inférieure.

= Le nouveau système de vérification qu'on propose ici est basé sur l'idée suivante :

La souveraineté en matière électorale appartient à l'électeur et non pas à l'élu.

C'est donc à l'électeur que revient le droit de vérification. De même, c'est vis-à-vis de lui que le député devra s'engager et non plus devant les autres députés, comme il le faisait autrefois, quand il prêtait serment devant la Chambre.

Les électeurs formeraient un jury régulier, lequel statuerait avec l'assistance de fonctionnaires versés dans la connaissance des lois administratives.

La décision de ce jury pourrait donner lieu à un recours devant les Censeurs. (On verra plus loin ce qu'on entend par l'institution des Censeurs, avec quelles garanties d'indépendance sont recrutés ces hauts magistrats, défenseurs du droit populaire, soutiens de la démocratie, comment on les investit des attributions extra-législatives qui gênent aujourd'hui l'action du Parlement.) Ce recours n'aurait pas d'effet suspensif.

Dans le cas où l'élection paraîtrait entachée de nullité, le jury s'en remettrait pour l'infirmation du vote populaire, mesure très grave, à la sagesse du comité des Censeurs.

Il n'est pas présumable qu'il puisse entrer ainsi au Parlement un député irrecevable. Si pourtant cette hypothèse se réalisait par suite d'erreur ou d'abus, l'admission de cet élu pourrait être combattue au sein même du Parlement par une motion ou une déclaration spéciale.

En résumé, pour être admis au Parlement, le député, d'après le projet, n'a qu'une seule pièce à présenter, le procès-verbal de vérification dressé par le jury électoral. La procédure de cette vérification, on va le voir, est simple et rapide.

Art. 69.

Dans le mois qui suit la désignation des députés, les élections sont vérifiées, au chef-lieu du collège électoral politique, par le Jury électoral, assisté du Conseil de préfecture.

Art. 70.

Le Jury électoral se compose d'autant de jurés qu'il y a d'arrondissements administratifs dans le collège. Les délégués de chaque arrondissement élisent, à cet effet, l'un d'entre eux, dans la réunion où ils sont eux-mêmes désignés par les délégués de canton. Ils élisent, en outre, un juré supplémentaire.

Les jurés titulaires et les jurés suppléants sont nommés à la majorité des suffrages représentés par les délégués d'arrondissement.

Le juré qui représente l'arrondissement le plus peuplé en électeurs est le président de ce jury. Il a voix prépondérante en cas de partage.

Art. 71.

Les réclamations électorales doivent être remises au Conseil de préfecture dans la huitaine qui suit la désignation des députés.

Art. 72.

Quand les élections sont reconnues régulières, les candidats élus sont appelés devant le jury électoral et promettent solennellement de se dévouer tout entiers aux intérêts généraux de la patrie. Ils sont alors proclamés députés et leurs pouvoirs sont considérés comme définitivement vérifiés.

= Le candidat devenu député, reçoit ainsi son institution de ses électeurs. Le contrat de mandat se passe en bonne forme.

Le membre du Parlement engage sa foi, comme jadis, à son souverain, non plus par un serment, mais par une promesse formelle.

= On s'apercevra, en suivant ce projet de loi jusqu'au bout, que, tout en améliorant sensiblement la situation des membres du Parlement, il ne s'inspire que de l'intérêt des électeurs. — Le Parlement est envisagé du côté « électeur » et non du côté « député ».

= Dans cet ordre d'idées, il faut souhaiter que la Constitution soit révisée, non point par des députés législateurs, mais par des députés constituants ou statutaires, lesquels n'auraient d'autre mission que celle de réformer le Statut national, et resteraient ensuite pendant quelques années inéligibles au Parlement.

Art. 73.

L'approbation donnée par le jury peut être l'objet d'un recours devant le Comité des censeurs. Ce recours n'est pas suspensif. Il peut être exercé soit par les fonctionnaires de l'État, soit par les délégués électoraux, au nombre de trois au moins, quels qu'en soient le titre et le degré.

ART. 74.

Quand le jury est d'avis d'annuler, soit l'élection des délégués votifs, soit les opérations qui ont suivi cette élection, il transmet les pièces de l'affaire avec cet avis, au comité des censeurs qui statue définitivement.

ART. 75.

Dans le cas où l'élection des délégués votifs d'un collège, est annulée, un nouveau décret de convocation électorale est immédiatement rendu, et une élection nouvelle a lieu le second dimanche, après la publication du décret.

ART. 76.

Les Censeurs peuvent faire immédiatement recommencer, en tout ou en partie, les opérations réservées aux délégués électoraux.

ART. 77.

La vérification des élections n'est pas suspendue par les poursuites pénales auxquelles ces élections peuvent donner lieu.

SECTION IV.

RÉÉLECTIONS ET REMPLACEMENTS DE DÉPUTÉS.

= On trouvera dans cette section trois innovations :

1° *Première innovation.* — Plus de renouvellement général de l'ensemble du Parlement.

Aujourd'hui, la Chambre des députés est renouvelée en bloc tous les quatre ans. C'est une mesure constitutionnelle déplorable, dont les inconvénients principaux sont les suivants :

La nation est tous les quatre ans remuée de fond en comble, livrée à une crise des plus dangereuses.

L'année électorale (c'est une année sur quatre), est à peu près perdue pour la législation, l'administration et même pour certaines entreprises privées, industrielles et financières.

A la fin d'une législature, toutes les lois encore en projet, sont frappées de caducité; il faut tout recommencer « *ab initio,* » la Chambre nouvelle ne croyant devoir rien prendre dans la succession de sa devancière. C'est une grande somme de travail perdue.

Avec le fonctionnement actuel du suffrage universel, il peut y avoir, sans qu'on s'y attende, une révolution à coups de bulletins tous les quatre ans. Quelle garantie pour la prospérité du pays, pour l'esprit de suite, pour le succès des travaux à long terme !

Si au moins le suffrage universel donnait exactement l'état de l'opinion générale ! mais avec l'organisation actuelle personne ne saurait l'affirmer.

Dans le projet ci-dessus, le Parlement se renouvelle par séries de collèges. Cette disposition est plus conforme à la marche des évolutions qui s'opèrent dans l'esprit public. Cet esprit public se modifie peu à peu, par régions, par zones; il ne se retourne pas tout entier du jour au lendemain. Il en est de même du corps humain; ses éléments se renouvellent sans cesse jour par jour, mais il n'a pas à subir l'épreuve périodique d'une reconstitution totale.

Les séries sont au nombre de sept, ce qui assure à chaque député au moins sept ans de service. — Sept ans! c'est une amélioration à la situation du député. C'est pourtant le minimum de durée qu'on puisse lui assurer.

Il est à désirer en effet :

1° Que le député ait le temps de se former à la vie parlementaire;

2° Que ses fonctions se recommandent par quelques avantages. Car autrement, comment s'attendre à trouver de bons candidats?

Aujourd'hui, remarquons-le bien, le député est un fonctionnaire, ce n'est plus un envoyé extraordinaire comme autrefois. Nous reviendrons plus loin sur la transformation qui s'est opérée dans son rôle politique;

2° *Deuxième innovation.* — Plus d'élection individuelle. — Si une vacance vient à se produire dans la représentation d'un collège, on procède au remplacement du député défunt ou démissionnaire, sans qu'il y ait, à proprement parler, d'élection.

Le remplacement est opéré par les délégués d'arrondissement qui avaient désigné le député défaillant.

Actuellement, avec le scrutin de liste, l'élection individuelle ou complémentaire n'est qu'un expédient abusif; elle ne répond à aucun principe.

Elle donne lieu à un scrutin spécial qui n'est ni le scrutin de liste, ni le scrutin d'arrondissement, qui est le scrutin uninominal de département, de telle sorte que le nouveau député reçoit un baptême tout différent du baptême parlementaire ordinaire. Ce n'est pas non plus une consultation du pays, car l'appel est trop restreint.

Tous les électeurs d'un département y prennent part, et cependant il est certain à l'avance que la représentation proportionnelle est impossible, et que la majorité seule est appelée à profiter de la vacance comme d'une bonne fortune. Le nouveau député peut être tout différent de l'ancien. Ce n'est pas un remplacement qui s'opère; c'est une substitution;

3° *Troisième innovation.* — Tout député est révocable par ses commettants. Cette disposition est absolument conforme aux principes, le droit souverain étant de sa nature inaliénable. Le mandat, de son côté, est par essence un contrat, sujet à révocation.

« Le mandant, dit l'article 2004 du Code civil, peut révoquer sa « procuration quand bon lui semble. »

Veut-on envisager le député comme un loueur d'ouvrage, il reste encore révocable. Le patron peut renvoyer, en effet, quand il lui plaît, ses ouvriers et serviteurs. Il peut résilier par sa seule volonté les marchés à forfait.

La révocabilité du député est la contre-partie de la faculté qu'il a de démissionner.

Pourquoi jusqu'ici cette règle n'a-t-elle pas été admise? Parce qu'on ne voyait aucun moyen pratique de l'appliquer.

Et, en fait, en dehors des périodes électorales, la souveraineté nationale, appartenait non plus au peuple, mais à ses serviteurs. Dans le projet ci-dessus, le moyen pratique existe.

Art. 78.

Les députés sont nommés pour sept ans.

= « Sept ans » paraît être un moyen terme satisfaisant entre, quatre ans, » ce que vit aujourd'hui un député, et « neuf ans, » ce que vit un sénateur.

Quatre ans, on l'a déjà dit, c'est trop peu pour se mettre sérieusement à l'œuvre. — Neuf ans, c'est une trop longue séparation de l'électeur et de l'élu.

Il est à craindre avec ce second laps de temps, que le mandataire échappe à l'influence du mandant.

Art. 79.

Les collèges électoraux politiques sont répartis, par le sort, en sept séries.

Le total des collèges électoraux ayant été divisé par sept, les collèges restés en dehors de cette division sont ajoutés un par un, d'abord à la septième série, puis à la sixième et ainsi de suite.

= Une série comprendrait environ douze collèges.

Art. 80.

L'une de ces sept séries est renouvelée chaque année, suivant l'ordre numérique, de un à sept. — Le Parlement peut prescrire, quand il le juge utile, des élections générales.

Art. 81.

Les réélections collégiales ont lieu, autant que possible, dans le premier trimestre de l'année, de manière à être habituellement terminées pour le premier avril, date à laquelle commence l'année parlementaire.

= L'hiver est le meilleur moment pour les élections. Le cultivateur a du loisir. Le voyageur est rentré au logis. — L'élection demandant un mois, les vérifications un second mois, on voit qu'un trimestre serait suffisant pour les séries annuelles d'élection.

Art. 82.

Elles ne sont pas commencées dans plus de six collèges à la fois.

= Le nombre des élections collégiables à faire chaque année étant de douze à quinze, il est possible de les espacer par groupes de cinq ou six à huit jours d'intervalle, quant au commencement des opérations.

Il convient d'atténuer, autant qu'on le peut, la fièvre électorale, et il n'est pas mauvais que les candidats puissent, en cas d'insucsès, se représenter successivement dans plusieurs collèges. Ils trouveraient ainsi une compensation à cette disposition énoncée plus haut, qui leur interdit de se porter candidat dans des élections concomitantes, c'est-à-dire commençant le même jour.

Art. 83.

Si pendant la durée septennale de la représentation d'un collège, l'un des députés vient à cesser ses fonctions par suite de décès, démission ou révocation, il est, dans les deux mois, pourvu à son remplacement par ses commettants directs, c'est-à-dire par les délégués d'arrondissement qui en avaient fait tout d'abord la désignation.

Ceux-ci opèrent leur choix à la majorité des suffrages qu'ils représentent.

Art. 84.

Le député qui, dans un collège électoral, fait ainsi l'objet d'une nomination individuelle n'est accrédité que pour le temps qui reste à courir jusqu'au jour où la représentation de ce collège doit être soumise à un renouvellement général.

Art. 85.

Si parmi les commettants directs du député à remplacer, il en est qui sont décédés ou empêchés, ceux-ci sont eux-mêmes préalablement rem=

placés par les soins des délégués cantonaux qui leur avaient cédé leurs suffrages.

Ces derniers sont eux-mêmes remplacés, s'il y a lieu, par les soins des délégués communaux qui leur avaient cédé leurs suffrages. Les délégués communaux sont remplacés dans les mêmes conditions par les délégués votifs.

Les délégués votifs, décédés ou empêchés, ne sont pas remplacés.

== Le remplacement des délégués électoraux s'arrêterait donc en deçà du vote populaire, lequel n'aurait pas à intervenir pour une élection complémentaire.

Il n'y a pas grand intérêt, en effet, à remplacer un délégué votif décédé, alors même qu'il représenterait tout seul une section, la quote-part de ses voix, dans l'ensemble du collège, restant relativement infime.

Art. 86.

La nomination des délégués remplaçants est faite à la majorité des suffrages précédemment cédés aux délégués remplacés.

Les délégués chargés du remplacement choisissent l'un d'entre eux.

== Exemple : Il manque un délégué d'arrondissement qui avait donné trois mille voix au député décédé. D'où venaient ces voix? Deux mille cinq cents lui avaient été cédées par ses collègues de la délégation cantonale. Les cinq cents autres, il les avait lui-même dans sa main comme délégué de canton. On verra à l'article suivant ce qui a lieu pour ces cinq cents voix. Il s'agit tout d'abord de retrouver les deux mille cinq cents voix dont il était cessionnaire.

Pour y arriver, on réunit les délégués cantonaux cédants, et on les invite à mettre ces deux mille cinq cents voix entre les mains de l'un d'eux, destiné à remplacer le délégué d'arrondissement qui manque.

De cette manière, on le voit, l'opinion représentée par ces suffrages n'est pas frustrée.

Art. 87.

Les opérations ont lieu suivant les formes indiquées plus haut (art. 54 et suivants), en présence et suivant les cas, sur la convocation, soit du juge de paix, soit du président du Tribunal de 1re instance, soit du vice-président du Conseil de préfecture.

Il n'est pas tenu compte des suffrages dont le délégué sujet à remplacement disposait directement, à titre de délégué votif, en dehors des suffrages à lui cédés.

= Reprenons l'exemple de la note précédente.

Quid des cinq cents suffrages que le délégué d'arrondissement défaillant avait apportés lui-même comme délégué cantonal? Quatre cents lui avaient été cédés par des délégués communaux. Lui-même comme délégué communal en possédait cent. Que se passera-t-il? Les délégués communaux cédants auront à faire entre eux l'opération prescrite à la note précédente pour les délégués cantonaux.

Quid des cent voix que le délégué défaillant possédait à titre de délégué communal? Admettons que vingt voix reçues directement des électeurs étaient attachées à sa qualité de délégué votif. Il n'en sera pas tenu compte. Ces voix sont insignifiantes si on en compare le total aux trois mille voix qu'il s'agit de remettre en mouvement. Les quatre-vingts suffrages qui restent seront remis en circulation par les soins des délégués votifs cédants, suivant le procédé déjà indiqué pour les délégués des deuxième et troisième degré.

= Il va sans dire que la reconstitution partielle des délégations devra commencer par la délégation votive.

Le nouveau délégué communal se rendra à l'assemblée du chef-lieu de canton. Le nouveau délégué cantonal ira au chef-lieu d'arrondissement et ainsi de suite.

Art. 88.

Les députés peuvent être révoqués d'office par les délégués d'arrondissement qui les ont nommés, lorsque ceux-ci sont, à ce sujet, unanimes entre eux et avec tous les délégués cantonaux qui leur ont transmis leurs suffrages, sans qu'il soit tenu compte des décès ou des empêchements survenus parmi les uns ou les autres.

= La seule unanimité des délégués d'arrondissement pourrait trop facilement laisser place à une révocation injuste ou inopportune.

L'unanimité des délégués de canton venant s'y ajouter, on peut être certain que la révocation n'interviendra que dans des circonstances décisives, alors qu'elle sera bien évidemment dans le vœu des électeurs.

Art. 89.

La formule de révocation, signée par tous ces délégués, est remise au vice-président du Conseil de préfecture, par le premier d'entre eux, c'est-à-dire par le délégué d'arrondissement qui avait donné au député révoqué le plus grand nombre de suffrages.

Une ampliation de cette formule est adressée par les soins du vice-président du Conseil de préfecture, au président du Parlement, par l'intermédiaire des Censeurs.

6

TITRE III.

FONCTIONNEMENT DU PARLEMENT.

CHAPITRE PREMIER.

ORGANISATION DU PARLEMENT.

== Tout ce qui touche à l'organisation du Parlement, à son fonctionnement, à sa procédure, est également constitutionnel, avons nous dit, c'est-à-dire fondamental.

Le peuple, en effet, après avoir fixé le mode de recrutement de ses mandataires, doit tout d'abord déterminer le procédé suivant lequel ils opéreront.

Il ne faut pas que, sous prétexte de règlement intérieur, le Parlement vienne esquiver la direction donnée par les statuts. Qu'on y prenne garde. On peut, au moyen d'une procédure habile, réduire si l'on veut une Constitution à l'état de lettre morte.

Le règlement intérieur ne peut s'appliquer qu'à des points de détail.

ART. 90.

Le bureau du Parlement se compose d'un président, de trois vice-présidents et de six secrétaires-scrutateurs.

ART. 91.

La présidence du Parlement est la plus haute dignité politique du pays.

== De même, dans une société anonyme, la présidence du conseil d'administration prime toutes les autres situations.

Déjà aujourd'hui la présidence du Congrès devrait être considérée comme supérieure à la présidence de la République, mais cette dignité est éphémère et accidentelle. D'autre part, la présidence du

Sénat et celle de la Chambre des députés se font équilibre. La présidence de la République en profite pour s'élever au-dessus d'elles, poussée et soutenue par l'atavisme monarchique.

On verra plus loin que dans le projet ci-dessus, le Président de la République, devenu fonctionnaire responsable, s'appelle simplement commissaire général de la République.

Art. 92.

Le président du Parlement dirige le service du bureau parlementaire.

Il fait au Parlement toutes les communications utiles, sans, toutefois, diriger lui-même les délibérations.

= « Sans toutefois diriger lui-même les opérations. » Il n'y a rien de plus incompatible avec la dignité de la présidence que la nécessité où se trouve le directeur des séances d'agiter à chaque instant sa cloche, de se lever, de crier sans être entendu, d'avoir des altercations avec l'un avec l'autre des assistants.

Le président siégerait néanmoins au bureau. Les débats seraient dirigés par un vice-président.

Art. 93.

Dans le dernier mois de l'année parlementaire, il lit un exposé général de la situation du pays. Cet exposé est ensuite affiché dans toutes les communes de France.

= Les députés étant non seulement les représentants de leur collège, mais encore les hommes d'affaires de la France entière, il est juste qu'en cette dernière qualité ils rendent compte, par l'organe de leur président, de ce qu'ils ont fait.

D'un autre côté, le Parlement étant renouvelé annuellement pour un septième, n'a pour ainsi dire qu'une seule année d'existence. Il est normal qu'il dresse son bilan avant de se tranformer.

Art. 94.

Il représente le Parlement dans ses rapports avec le ministère et le Comité des censeurs.

= Il n'est pas spécialement question, on le voit, de ses rapports avec le commissaire général de la République. C'est que ce commissaire général est compris dans le ministère dont il est le chef.

Art. 95.

Il contrôle et dirige le Conseil de rédaction législative, il en nomme et révoque les membres, avec l'assentiment du bureau parlementaire, en se conformant à la loi organique de ce Conseil.

On verra plus loin ce qu'on entend par le Conseil de rédaction législative.

ART. 96.

Il pourvoit seul aux vacances d'emploi dans le personnel administratif attaché au Parlement. Pour les révocations, l'assentiment du bureau est nécessaire.

ART. 97.

Il est personnellement garant et responsable de la sécurité du Parlement; son droit de réquisition, à ce sujet, est illimité.

ART. 98.

Il a, sur la force publique, pour l'exécution des ordres du Parlement, l'autorité suprême.

ART. 99.

Sa voix est prépondérante, en cas de partage, aussi bien dans les délibérations du Parlement que dans celles du bureau.

ART. 100.

En cas d'empêchement, il est remplacé par le premier vice-président.

ART. 101.

Il n'a pas de rang officiel en dehors du Parlement.

= Ayons bien soin toujours de séparer autant que nous le pourrons le pouvoir et l'apparat.

Le pouvoir, sans l'apparat, est plus sage, plus mesuré; il excite moins de convoitise; il est moins dangereux pour l'indépendance du peuple. L'apparat à lui seul ne comporte pas de péril sérieux; on peut le laisser sans ombrage comme moyen de représentation et d'action au ministère et aux fonctionnaires qui en dépendent.

ART. 102.

Il ne lui est alloué aucun supplément de traitement. Toutefois, il est logé dans l'enceinte du Parlement, et des frais de représentation peuvent lui être attribués.

= Le président, en ce qui concerne le traitement, sera le « *Primus inter pares*. » — Il n'y a pas lieu de faire de sa place un trop grand objet d'envie. Il en pourrait résulter au sein du Parlement des intrigues qui nuiraient à son fonctionnement régulier.

Art. 103.

Les vice-présidents sont chargés de diriger les délibérations, de faire procéder aux votes et de fixer les propositions d'ordres du jour.

Ils siègent à tour de rôle, par session ou par mois.

= En faisant siéger les vice-présidents à tour de rôle, on les maintiendra dans une certaine égalité. Étant exercés tour à tour, ils pourront indistinctement montrer leur aptitude et se perfectionner dans leur service. Il n'est pas bon d'ailleurs que le choix du directeur des séances soit laissé à l'arbitraire, ou qu'il soit inspiré uniquement par la nature des questions mises à l'ordre du jour.

Art. 104.

Les secrétaires-scrutateurs dressent les procès-verbaux des séances et jugent les opérations de vote.

Ils remplacent, en cas de nécessité, les vice-présidents.

Art. 105.

Tous les membres du bureau sont élus pour un an, du 1er avril au 1er avril suivant.

Ils peuvent être réélus indéfiniment.

= L'article 105 permet au Parlement de donner, si il le juge convenable, une certaine fixité à son bureau. Cette fixité sera relative toujours, puisque le bureau reste à tout moment révocable, mais même avec cette réserve, elle pourrait être très salutaire.

Les dispositions qui, en cette matière, interdisent quelquefois la réélection immédiate des mêmes dignitaires, entravent arbitrairement le pouvoir du peuple ou de ses députés. Elles causent un mal certain, sous prétexte d'éviter un mal aléatoire. Avec la révocabilité, elles n'ont plus de raison d'être édictées.

Ne voit-on pas d'ailleurs les conseils généraux, les sociétés anonymes réélire leur bureau ou leur administration aussi souvent qu'il leur plaît?

= Les membres du bureau seraient révocables, car le Parlement ne peut même temporairement aliéner sa délégation de souveraineté. Leur mission, étant encore un mandat, reste comme telle résiliable.

Dans ce projet, c'est une règle générale, le mandant ne lâche jamais la bride au mandataire. La révocation, toutefois en ce qui concerne les membres du bureau, devrait être votée, dit l'article 106, « à la grande majorité. » On verra plus loin ce qu'on entend par là.

Art. 106.

Ils sont révocables par le Parlement.

Dans ce dernier cas, la déclaration du Parlement doit être votée à la grande majorité.

Art. 107.

Le Parlement est divisé chaque année, pendant le cours du mois d'avril, en un certain nombre de *sections* composées par la voie du tirage au sort et destinées à concourir à la formation des *commissions,* soit *spéciales,* soit *annuelles.* Les commissions spéciales qui étaient encore en fonctions à la fin de l'année parlementaire précédente sont immédiatement renouvelées. Sont également renouvelées, les commissions annuelles, notamment celle qui est chargée des affaires budgétaires, du contrôle des recettes et de l'ouverture des crédits, c'est-à-dire la *commission* de la *Caisse de l'État.*

= Les commissions annuelles sont en réalité des commissions permanentes composées d'un personnel renouvelable. Il y a longtemps que l'utilité en a été constatée, et l'on sait qu'elles existent dans plusieurs pays étrangers.

Le nombre et la nature en seraient déterminés par le Parlement. La première à constituer serait évidemment celle de la Caisse nationale.

Art. 108.

Les sections et les commissions choisissent elles-mêmes leur président et leur secrétaire. Les commissions choisissent, en outre, leur rapporteur.

Art. 109.

Les députés ne peuvent, en temps de session, exercer, dans le lieu où siège le Parlement, aucune fonction ou profession étrangère à leur mandat politique.

= Les élus que les départements envoient à Paris ne doivent pas se mettre en quête d'occupations étrangères à leur mandat. Cela ressemblerait à un abus de confiance.

Leur titre de député ne peut être l'objet d'une spéculation, même voilée. Il y aurait là véritablement un cas d'indignité.

Les députés départementaux faisant, dans l'intérêt du peuple, le sacrifice de leurs occupations personnelles, il est juste que ceux résidant à Paris se donnent également tout entiers à leur mission parlementaire. Il est à désirer qu'il y ait entre collègues le moins d'inégalité possible.

La fonction de député est d'ailleurs suffisante pour occuper un homme et honorer toute une vie, surtout si l'on admet comme dans ce projet que le nombre des représentants du peuple doit être réduit et qu'il y a lieu en règle générale d'interdire aux députés présents la faculté de voter une résolution au nom des députés absents.

Cette fonction est transformée depuis l'avènement de la démocratie. Le député est devenu un fonctionnaire permanent ; son rôle ne se borne plus à un contrôle passager, à l'examen superficiel d'un budget. Il siège presque toute l'année, et dans l'intervalle des sessions il est encore aux prises avec les obligations résultant de son emploi. Il en est ainsi déjà aujourd'hui, alors que nous possédons un millier de législateurs et que le produit législatif du Parlement est insignifiant. A plus forte raison en sera-t-il de même quand, avec des ouvriers plus rares et mieux rétribués, notre usine législative entrera dans la voie du travail utile.

On s'accorde généralement pour interdire le cumul de la fonction parlementaire avec une autre fonction publique. Quelles sont les raisons de cette interdiction? qu'on veuille bien les rechercher et les examiner sans préjugés, on verra qu'elles s'opposent tout aussi bien au cumul de la fonction parlementaire avec une profession dite privée.

Il va sans dire que si le député se spécialise ainsi, il devra recevoir en compensation quelques avantages. Non seulement son mandat serait plus long, mais son traitement serait plus élevé. (Voir art. 110.)

Art. 110.

Ce mandat est incompatible avec celui de conseiller général, de conseiller d'arrondissement ou de conseiller municipal.

= Encore une fois : *pas de cumul*. En tout et partout, la division du travail. Place à tous les citoyens. Pas d'accapareurs. A chacun son métier. On ne sert pas bien deux maîtres à la fois.

Aujourd'hui, la plupart des députés sont conseillers généraux. Qu'arrive-t-il? Le Parlement est obligé de se séparer deux fois par à jour fixe, eût-il à ces dates les questions les plus urgentes à traiter. Pour que la vie politique recommence dans la province, il faut qu'elle soit suspendue dans la nation. C'est le fait d'un mauvais organisme.

Est-ce à dire que les assemblées départementales resteraient

absolument séparées de la représentation du collège électoral politique, sans relations possibles avec elle? Pas le moins du monde.
Les députés pourraient, en cas d'utilité, entrer le plus facilement
du monde en communication avec elles. Ils pourraient même, de
par la loi, y avoir droit d'entrée avec voix consultative.

On peut en dire tout autant pour les assemblées communales, ou
pour celles des arrondissements.

Art. 111.

Ils ne peuvent recevoir du ministère, même indirectement, aucune
faveur, soit pécuniaire, soit honorifique.

= Fort bien, dira-t-on. Il est à souhaiter que nos représentants
ne soient exposés à aucun genre de corruption. Mais quelle sera la
sanction? La sanction est indiquée à l'article 236. En cas d'infraction à l'article ci-contre, une mise en accusation pourra être prononcée par le Parlement.

Personne ne contestera la nécessité de garantir la liberté morale et l'indépendance des députés. Leur dignité mérite d'être pré-
servée avec autant de scrupule que celle de nos juges. Or, ceux-ci
ne reçoivent plus d'épices; ils mettent leur honneur à être désintéressés et les mœurs, d'accord avec eux, leur évitent toute tentation.

Pourquoi n'en serait-il pas de même pour les parlementaires?
Ceux-ci ont un autre point d'appui que la conscience; ils peuvent
en outre prétendre à l'illustration dans les annales de la patrie. A
ce prix, il ne doit pas leur être difficile de rester intègres.

Il serait peu aisé d'énoncer à l'avance les formes que la faveur
pourrait à leur égard essayer de revêtir. Il pourrait, si il y avait
lieu, s'établir à ce sujet une sorte de jurisprudence particulière.

Art. 112.

Ceux qui, au moment de leur élection, étaient au service de l'État,
cessent de toucher leur traitement professionnel, et sont remplacés dans
leurs service ou fonction, tout en restant, s'ils le désirent, dans la disponibilité de leur ancien emploi.

Art. 113.

Leur rémunération est de 20,000 fr. par an, payables par mois.

= Si le nombre des législateurs est réduit, la dépense de l'État
ne sera pas plus élevée qu'aujourd'hui.

La rémunération des députés n'est plus désormais une indemnité, comme au temps où on ne leur demandait qu'un déplacement momentané ; c'est un véritable traitement.

Il n'est pas possible d'admettre que leurs fonctions soient gratuites. Ce serait accorder une prime à la fortune. Le citoyen qui engage ses services au profit de l'État doit rester indemne. Il en est de même de ceux qui se mettent à la disposition soit d'un département, soit d'un arrondissement, soit d'une commune. Les conseillers généraux ou d'arrondissement qui se déplacent pour remplir leur mission devraient bien évidemment recevoir, non pas un traitement, car leur service n'est que temporaire, mais une indemnité.

Les conseillers municipaux y auraient-ils droit également? Oui, sans doute, dès lors au moins qu'ils sacrifient aux intérêts communaux un temps ouvrable.

Toutefois, en ce qui les concerne, il y a une réserve à faire.

Il y a beaucoup de petites communes et de petits conseils municipaux mériteraient bien d'être supprimés.

ART. 114.

Un droit de parcours libre et gratuit, sur les voies ferrées, fluviales et maritimes, leur est, en outre, ménagé dans les limites de leur collège électoral, et sur le trajet de ce collège au siège du Parlement.

= Le droit de parcours (tel qu'il est ici réduit) est le corollaire logique du mandat donné au député.

Il est juste en effet de faciliter la circulation du député dans son collège et son va et vient entre ce collège et le siège du Parlement.

Le privilège, ainsi concédé, n'est pas abusif, car il est octroyé, non dans l'intérêt du député, mais dans l'intérêt du public. Il n'aurait pas besoin pour s'exercer de se couvrir, comme le privilège actuel, du voile fallacieux d'un pseudo-abonnement.

Le droit de circulation générale que sénateurs et députés se sont arrogé récemment, est un avantage excessif, — on pourrait dire scandaleux, car ceux qui l'avaient combattu tout d'abord, n'ont pas été les derniers à s'en servir ; — en tout cas, nuisible à l'intérêt des électeurs, car il éloigne bien plus le mandataire du centre de ses attributions qu'il ne l'y ramène. C'est en réalité, pour quelques-uns au moins, une gratification purement récréative.

Il est bien clair que si un député était appelé exceptionnellement à se transporter pour le service du Parlement en dehors des limites ici indiquées, son déplacement devrait se faire aux frais de l'État. Rien ne démontre aussi bien que l'abus actuel, combien les hommes les plus honnêtes, les plus scrupuleux, ont besoin, même dans les pays démocratiques, d'être rigoureusement prémunis contre l'attrait du privilège et l'entraînement de l'intérêt personnel.

ART. 115.

Ils ne peuvent être privés de leur liberté individuelle, sans l'assentiment du Comité des censeurs, la prescription criminelle restant suspendue pour eux pendant toute la durée de leurs fonctions.

= Le privilège, dont il est maintenant question, constitue ce qu'on appelle « la garantie parlementaire ».

Le projet ci-dessus ne la supprime pas, bien qu'elle perde, ainsi qu'on le verra, une grande partie de son utilité dans l'organisation qui est ici proposée.

Mais il remet l'appréciation des demandes d'incarcération au Comité des censeurs, le jugement des affaires contentieuses et personnelles ne convenant pas au Parlement.

De plus, il ne prévoit que les demandes d'incarcération, la garantie parlementaire n'ayant d'autre but que de soumettre à un contrôle politique l'opportunité de la séquestration d'un député. Quant aux autres poursuites à fins civiles, fussent-elles portées devant une juridiction criminelle, le Parlement n'a pas à s'en occuper. La garantie parlementaire n'est pas une assurance contre la chicane.

Un député venant ainsi à être condamné à la prison sur la requête d'une partie civile, le Comité des censeurs aurait à examiner si ce député peut, sans inconvénient, pour les intérêts du pays, être livré pour l'exécution de sa peine, au personnel répressif.

Dans tous les cas, ce Comité porterait son attention, non pas sur la question de savoir si le député incriminé ou condamné est coupable, mais sur celle de savoir si sa présence est ou non nécessaire dans le Parlement.

Dans ces conditions, il n'y a pas de distinction à faire entre le délit flagrant et le délit non flagrant. Qu'on suppose le délit flagrant, la condamnation certaine, l'autorisation des Censeurs n'en serait pas moins nécessaire pour que le député délinquant pût être détenu.

La garantie étant ainsi restreinte et élargie à la fois, il convien-

drait toujours d'en user avec une grande discrétion, comme de tout
privilège.

CHAPITRE II.

SESSIONS DU PARLEMENT.

Art. 116.

Paris est le siège habituel du Parlement.

Néanmoins, celui-ci a la faculté de se transporter dans une autre localité, s'il le juge utile.

Art. 117.

Le Parlement fixe lui-même la date et la durée de ses sessions.

Art. 118.

Il arrête par un règlement intérieur les mesures d'ordre relatives à la
tenue de ses séances.

Art. 119.

Il se réunit obligatoirement, chaque année, le 1er avril, à deux heures,
à l'occasion du renouvellement de l'année parlementaire.

Art. 120.

Cette réunion obligatoire a lieu sous la présidence du plus âgé des plus
anciens membres du Parlement.

Il y est procédé à l'admission des députés nouvellement élus et munis
d'un procès-verbal régulier de proclamation.

On élit ensuite le bureau parlementaire de l'année, en commençant
par l'élection du président.

Celui-ci, aussitôt élu, entre en fonctions.

= Il y a ici une légère innovation :

Ce n'est plus le député le plus âgé qui préside la première séance,
c'est le plus ancien membre du Parlement.

La première séance n'est pas la plus facile à diriger. Or, il peut
arriver que le député le plus âgé soit un nouveau venu. On s'expose donc avec le système actuel à un début embarrassé.

Les chevrons parlementaires méritent d'ailleurs, autant que
l'âge lui-même, d'être honorés.

La supériorité d'âge pourrait encore être invoquée dans le cas
de concurrence entre deux députés ayant la même durée de service
parlementaire.

Art. 121.

L'élection des vice-présidents et celle des secrétaires se font par liste.

Art. 122.

Toutefois, les secrétaires qui réunissent en leur faveur, avant l'élection par liste, les suffrages du sixième des députés (présents ou absents), sont nommés de droit. Mais, les députés qui ont ainsi disposé, par anticipation, de leur suffrage, ne prennent aucune part à l'élection des autres secrétaires.

= L'article 122 permet de combiner pour le choix des scrutateurs, l'élection par liste avec la représentation des minorités.

Toutefois, on le remarquera, il n'assure que la représentation d'une minorité, contenant au moins un sixième des membres du Parlement.

On trouvera peut-être que le projet aurait dû rester fidèle à la conception précédemment émise, à savoir qu'il faut prévoir dix opinions, — non point six seulement, — et qu'il aurait dû conséquemment créer dix places de secrétaires, de manière à en assurer une à tout parti pouvant réunir un dixième du Parlement.

Il y a là une question de chiffre et de mesure qui peut être tranchée assez indifféremment, d'une manière ou d'une autre. Le nombre » six » paraît suffisant. Car, au Parlement, les partis sont moins émiettés que dans le pays, et puis, en outre, les secrétaires ne sont pas des porte-voix d'opinion, ils interviennent simplement comme juges pour fixer dans quelque cas douteux la valeur ou la signification d'un vote parlementaire.

= Les députés absents peuvent, d'après le projet, participer à l'élection du bureau.

C'est un des cas où, par exception, leur vote est admis. (Voir l'art. 144.)

Art. 123.

Le premier vice-président est celui qui obtient le plus de voix; et à égalité de voix, le plus ancien membre du Parlement, et ensuite le plus âgé.

Art. 124.

La même règle hiérarchique est applicable aux secrétaires.

Art. 125.

Les députés sont tenus d'assister régulièrement aux séances. Leur présence y est constatée par les soins du président du Parlement. En cas d'absence irrégulière continuée pendant plus d'un mois, leur traitement est retenu pour tout le temps qu'aura duré l'absence.

= L'obligation pour les députés d'assister ordinairement aux séances du Parlement est un devoir constitutionnel.

Dans ces derniers temps, quelques-uns d'entre eux se sont octroyés, faute de contrôle, des privautés excessives.

Avec les errements abusifs que la camaraderie a favorisés, on est arrivé à faire croire aux électeurs qu'à chaque jour de la session, tel député a consciencieusement voté sur une ou plusieurs lois, alors qu'en réalité, il en a passé tout son temps en voyage, en affaires, ou dans son lit.

L'effet d'une pareille manière d'agir est démoralisant. C'est ainsi que l'électeur finit par perdre vis-à-vis des candidats et des élus toute confiance et tout respect.

Art. 126.

Le bureau du Parlement statue sur les demandes de congé. Les congès accordés sont mentionnés au *Journal Officiel.* Quand la durée dépasse trois mois, il y a une retenue de traitement pour tout le temps qui excède le troisième mois.

Cet article dispense les députés d'examiner eux-mêmes les demandes de congé de leurs collègues.

Il s'agit, en effet, d'un détail administratif qui concerne particulièrement le bureau.

En réalité, dans la plupart des cas, la demande de congé est un simple avis d'absence, le congé lui-même n'étant presque jamais refusé. Or, cet avis intéresse surtout le bureau.

S'il y avait, au surplus, des observations à présenter au député qui demande un congé, personne n'aurait plus de compétence et d'autorité pour le faire que le Président.

Art. 127.

Quand l'intervalle de deux sessions doit dépasser quinze jours, le service parlementaire est remis à la *Commission de permanence.*

Art. 128.

Cette commission, élue comme le bureau au commencement de l'année parlementaire, expédie les affaires urgentes. Elle ne peut édicter de lois proprement dites, ni émettre de déclarations.

Elle ne peut engager les finances de l'État que dans la mesure des crédits déterminés par le Parlement avant sa séparation.

Art. 129.

Un député sur dix entre dans la composition de cette commission. Le député qui est directement commis par neuf de ses collègues en fait partie de droit. Mais les membres du Parlement qui ont ainsi recours à la désignation exclusive et directe, ne prennent aucune part à l'élection des autres membres de la commission.

Art. 130.

L'élection de ceux-ci se fait par liste.

Art. 131.

Le bureau spécial de cette commission se compose d'un président, d'un vice-président et de trois secrétaires.

Le président est l'un des vice-présidents du Parlement. Il n'est pas compté parmi les quarante membres de la commission. Il est désigné pour chaque intervalle de session par le président du Parlement.

Les autres membres du bureau sont élus à la première séance de la commission, chacun des secrétaires pouvant être nommé par voie de désignation exclusive et directe, émanée d'un tiers au moins des membres de la commission.

Art. 132.

Les règles de procédure applicables au Parlement sont également applicables à la commission de permanence.

═ Cette commission de permanence est appelée à jouer dans le projet un rôle important.

Le Parlement ne peut chômer longtemps à raison du contrôle qu'il est chargé d'exercer sur l'administration, mais il peut être très heureusement suppléé, pour cette besogne notamment, par la commission de permanence.

Les sessions de cette commission pourraient, sans inconvénient, être aussi longues que celles du Parlement. Les délibérations soulevées par les actualités et les incidents politiques, s'y dérouleraient avec des garanties toutes spéciales de sagesse et de réflexion, à raison du nombre restreint de ses membres (quarante environ).

Le titre de « commission de permanence » pourrait, si on le jugeait bon, être remplacé par un autre plus caractéristique et convenant mieux à la désignation de ce Parlement au petit pied. Cette Commission pourrait s'appeler « la Chambre. »

CHAPITRE III.

ATTRIBUTIONS DU PARLEMENT.

Art. 133.

En dehors des *élections* qui ont trait à son organisation intérieure, le Parlement élit encore les Censeurs et le commissaire général de la République, chef du ministère.

═ Aux personnes qui seraient d'avis de faire élire le commissaire général de la République par le corps électoral tout entier, on peut objecter que :

1° La nomination d'un fonctionnaire ou agent doit appartenir à celui qui le contrôle. Or, le corps électoral peut-il contrôler efficacement les actes du commissaire général? Non. Donc, sa nomination ne peut lui appartenir.

2° S'il s'agit d'un fonctionnaire révocable, le droit de nomination et celui de révocation doivent être dans la même main. Or, dans ce projet le commissaire général est révocable, révocable non par le peuple, mais par le Parlement. — On s'expliquera là-dessus un peu plus loin. — Le corps électoral n'étant pas apte à prononcer sa révocation, ne peut être chargé de l'élire.

3° Cette élection ne saurait être confiée au suffrage universel direct, car il est absolument impossible à l'électeur type de l'époque actuelle d'apprécier par lui-même et en connaissance de cause la valeur relative des candidats.

L'élection du prince Louis-Napoléon Bonaparte, en 1849, n'infirme pas cette proposition. Rien ne prouve qu'en cette circonstance on ait bien voté, c'est-à-dire voté avec intelligence et indépendance. De plus, le corps électoral n'eut cette fois à choisir qu'entre deux candidats et ces candidats avaient une notoriété exceptionnelle; on ne doit pas s'attendre à ce qu'il en soit toujours ainsi. La grande notoriété n'est pas une garantie absolue d'idonéité. Il est vrai qu'avec une élection populaire, elle deviendrait sans doute le gage le plus certain du succès électoral. Ce ne serait pas toujours un bien ;

4° Si l'on veut une élection à plusieurs degrés, on n'a qu'à bien analyser ce qui se passe dans le cas d'une nomination faite par le

Parlement. Cette nomination n'est-elle pas en réalité une élection faite par le suffrage universel à plusieurs degrés?

= A côté du système qui consisterait à faire élire le chef de l'administration centrale par le corps électoral, il y a des systèmes mixtes. Suivant l'un d'eux, le choix des électeurs s'exercerait sur une liste de candidats dressée par le Parlement. Dans un autre, le chef d'administration serait élu par le Parlement, mais son élection, pour être valable, devrait être confirmée par le peuple. Enfin, dans un troisième, l'intervention du Parlement serait réservée pour les cas où les suffrages des électeurs se seraient éparpillés sans atteindre un certain chiffre de majorité.

Tous ces systèmes ont les mêmes inconvénients et sont exposés aux objections sus-énoncées.

Quel est donc le but de ceux qui réclament en cette matière l'élection directe populaire? Leur but est double. Ils voudraient créer un contre-poids au Parlement, et, en outre, ils souhaiteraient augmenter l'autorité du chef d'administration en le rendant sur certains points tout à fait indépendant.

Ils ne voient pas que la source du pouvoir étant une, il faut logiquement abandonner le régime des contre-poids ou des concordats et adopter le régime de la hiérarchie. Or, la hiérarchie quelle est-elle? Il y a le peuple, puis le Parlement, en troisième lieu l'administration; ces trois entités, dépendant forcément l'une de l'autre.

Admettons que le peuple au lieu de donner un mandat général au Parlement, n'ait donné qu'un mandat partiel et que l'administrateur en chef ait reçu de lui directement un autre mandat partiel. Qu'arrivera-t-il si entre ces deux mandats il s'élève un conflit? Est-le Parlement qui l'emportera? Mais alors où est son contrepoids. Est-ce le chef de l'administration? Alors à quoi bon des représentants nommés par le peuple? Qu'on les remplace par des conseillers au choix de l'administration. — Quant au peuple, il ne lui est pas possible de trancher ce différend.

Il n'est pas apte à une opération de ce genre. Et c'est précisément pour ce motif qu'il ne peut avoir qu'un seul mandataire. Quand il n'est pas content, il le change et tout est dit.

Or, c'est toujours aux conflits qu'on arrive sous prétexte d'équilibre et de contre-poids, aux conflits ou à l'impuissance.

Notre esprit malheureusement reste hanté par des ressouvenirs monarchiques. Nous ne pouvons nous habituer à voir dans le chef des services administratlfs un simple *directeur* de société anonyme. N'ayant plus de roi, il nous faut tout au moins un président jouissant dans sa divine irresponsabilité, de privilèges régaliens, et les gens du Parlement nous font encore assez souvent l'effet de fâcheux qu'on est obligé de supporter, vu le malheur des temps, mais dont on doit toujours se défier. Grattez un peu les soi-disant républicains, vous trouverez encore parmi eux nombre de courtisans.

Les abus actuels du néo-parlementarisme ont été aussi pour une grande part dans ces aspirations vers un pouvoir exécutif émané directement du peuple. Mais ce n'est pas dans ce rattachement immédiat que se trouve le remède. Pour rendre du nerf à l'administration, il suffit de supprimer l'archaïque fiction de l'irresponsabilité de son chef et de décréter l'incompatibilité du titre de ministre et du titre de député. — On reviendra là-dessus plus loin. — Et quant au contre-poids c'est un leurre. Le peuple est souverain ; qu'il soit à lui-même son propre modérateur. Et s'il se trompe, s'il commet des fautes, qu'il s'instruise comme les autres souverains se sont instruits, aux leçons de l'expérience.

Il ne doit avoir d'autre sauveur que lui-même.

Admettons que dans un moment de crise il ait besoin d'un dictateur muni de pouvoirs extraordinaires. Le Parlement, d'après le projet ci-dessus, pourrait le lui procurer. Il peut, en effet, sans pour cela abdiquer son droit de contrôle, céder à un moment donné tout son pouvoir à un seul homme. Aucune disposition ne s'y opposerait.

Aux États-Unis, il est vrai, l'élection du chef de l'administration fait l'objet d'un vote populaire spécial. Toutefois, remarquonsle bien, elle n'est pas le produit du suffrage direct. Pourquoi ce chef n'est-il pas nommé par le Congrès? Parce que d'après la Constitution il en doit rester indépendant sur certains points, et puis parce que le Congrès ne se compose pas exclusivement de représentants du peuple; il contient en effet les représentants des États.

Mais il n'est pas prouvé que la Constitution des États-Unis soit parfaite. Et quand on veut s'en inspirer, il est toujours bon de se rappeler qu'elle a été faite pour un pays sans précédents monarchiques, qu'elle s'applique à une fédération d'États ayant chacun un Parlement, que le territoire soumis à son action est plus grand que celui de l'Europe, que le pouvoir judiciaire organisé par elle est assez fortement constitué pour servir d'arbitre en cas de besoin, entre les divers pouvoirs publics ; toutes circonstances qui ne se rencontrent pas chez nous.

En réalité, l'électeur fédéral des États-Unis donne la plus grande partie du pouvoir souverain au Président de la République, et c'est même pour cela que chez lui le titre de président est moins déplacé que chez nous. Sa République est une République autoritaire, autocratique, bien plus que représentative et parlementaire. Il ne paraît pas que cette organisation, bonne peut-être pour un demi-continent, convienne à un pays relativement peu étendu pour la France. Elle ne serait pourtant pas en opposition avec les principes démocratiques. La dévolution directe de l'*imperium* peut évidemment être faite en faveur d'un seul homme aussi bien qu'en faveur de plusieurs.

Le point essentiel à retenir, c'est que, si la France voulait copier l'Amérique, elle devrait s'abstenir pour le choix d'un président du suffrage universel direct.

= En Suisse, dans le pays du *referendum* et des assemblées populaires, ce n'est cas le corps électoral qui nomme le président de la confédération.

Art. 134.

Il édicte les *lois* nouvelles et abroge, s'il y a lieu, les lois anciennes. Ces dernières ne sont pas soumises à son interprétation.

Art. 135.

Il ratifie les traités passés avec des tiers, soit en France, soit à l'étranger.

Les traités dont la durée peut dépasser quinze années sont sujets à résiliation de la part de l'État, ce laps de temps étant une fois écoulé.

= En effet, le corps électoral d'aujourd'hui ne peut engager le corps électoral qui viendra après lui.

La composition du corps social se modifie chaque jour. En quinze ans, ce corps est renouvelé pour beaucoup plus de moitié. En quinze ans, sa personnalité morale est changée. Donc, la limitation en durée des obligations de l'État s'impose. Si le peuple ne peut abdiquer son pouvoir, il est évident qu'il ne peut à plus forte raison en être privé à l'avance.

Art. 136.

Les lois dont la durée est limitée et dont l'intérêt est purement local sont appelées plus spécialement *ordonnances*.

Art. 137.

Dans les affaires qui ne donnent pas lieu à la rédaction d'articles de loi, le Parlement exprime sa volonté ou son opinion par des *déclarations*.

Art. 138.

Il règle par des *motions* tout ce qui se rapporte à l'application de son règlement intérieur ou à la fixation des ordres du jour. Les motions sont habituellement *orales*. Elles sont *écrites* quand elles sont soumises à l'initiative de plusieurs députés.

Art. 139.

Il se renseigne sur l'administration du pays, soit par des *questions* posées aux ministres, soit par les *rapports* écrits qu'il réclame d'eux, soit par des *enquêtes* directement confiées à un ou plusieurs de ses propres membres.

Art. 140.

Il met en accusation, s'il y a lieu, les membres du Parlement et du ministère et les renvoie pour être jugés devant le Comité des censeurs.

= On verra plus loin quels sont les cas de mise en accusation. Il en est plusieurs qui s'appliquent aux députés aussi bien qu'aux ministres.

On comprend fort bien dès maintenant que le président du Parlement, par exemple, avec les pouvoirs considérables qui lui sont ici reconnus, ne saurait rester en dehors des personnes sujettes au correctif de la mise en accusation parlementaire.

Art. 141.

Il reçoit les pétitions que lui adressent les nationaux par l'entremise du comité des censeurs et leur donne la suite qu'elles comportent.

CHAPITRE IV.

PROCÉDURE PARLEMENTAIRE.

= Ce chapitre ne contient pas toutes les règles de procédure du Parlement. Quelques-unes d'entre elles trouveront seulement leur place dans le règlement intérieur. Ce qu'on trouve ici, c'est le cadre de ce règlement, ce sont les grandes lignes du mécanisme législatif.

Ces dispositions générales sont encore du ressort de la Constitution. Le peuple a non seulement le droit de dire à ses représentants : Vous ferez des lois », il peut ajouter : « Vous les ferez de telle et telle façon ». De quelle façon? De telle manière que le peuple puisse suivre de loin le travail du Parlement, que ce travail puisse être expéditif, s'il y a lieu, mais qu'il soit en même temps toujours réfléchi.

La forme, en cette matière, est essentielle. Il est bon que la Constitution la fixe elle-même d'une manière générale. Autrement, les droits du peuple pourraient facilement être éludés.

Art. 142.

Les votes ont lieu dans le Parlement à mains levées, et, en cas de nécessité, au scrutin public.

= Pourquoi pas de scrutin secret? Parce que l'électeur mandant doit pouvoir contrôler tous les actes de son représentant.

Art. 143.

Quand il s'agit d'élections à faire dans le sein du Parlement ou de révocations à opérer, le vote a toujours lieu au scrutin.

Dans ces deux cas, les députés absents du Parlement sont exceptionnellement admis à voter par l'intermédiaire des députés présents, sans que le mandat donné par eux soit assujetti à aucune forme spéciale.

Art. 144.

En règle générale, le vote par mandataire est interdit.

= En effet, un député ne peut raisonnablement voter une loi, ou une déclaration, qu'après avoir assisté à la discussion. Que dirait-on d'un juge qui déserterait l'audience en disant à l'un de ses collègues : « Je m'en rapporte à vous; vous jugerez pour vous et pour moi tout à la fois ».

Permettre à un député de voter en toutes circonstances pour un collègue absent, c'est non seulement, comme on l'a déjà dit, induire les électeurs en erreur, c'est encore reconnaître implicitement que les discussions du Parlement ne servent à rien, c'est donner deux ou trois voix et même plus à un seul membre de l'Assemblée, à celui qui est présent, ce qui est contraire à l'égalité entre représentants et peut donner lieu encore à d'autres abus.

Il n'en est pas de même, on le conçoit, quand il s'agit comme dans l'article 143 du choix de personnes, de la composition du bureau, par exemple, ou de l'élection du commissaire général. Ce choix est toujours préparé à l'avance et il ne donne lieu à aucune discussion. En cette matière, on peut voter de loin, ou, tout au moins, si on ne vote pas directement, donner à son *negotiorum gestor* un mandat précis. Aussi avons-nous vu que, dans ce cas, le vote par mandataire serait permis.

ART. 145.

Les membres du bureau ne prennent pas habituellement part aux votes. Ils n'y participent qu'autant que la majorité acquise à une première épreuve est égale ou inférieure au total des membres du bureau.

Il y a dans ce cas une nouvelle épreuve à laquelle ils concourent.

= Chacun comprendra l'intérêt qu'il y a à laisser, autant que possible, le bureau en dehors des divisions du Parlement.

Le projet actuel étend les attributions de ce bureau. Il est donc juste qu'il prenne des précautions particulières pour en sauvegarder l'autorité.

Certainement les membres du bureau conservent chacun sa personnalité politique propre et ses opinions personnelles. Mais quand leur intervention dans un vote est inutile, à quoi bon l'exiger?

Les électeurs particuliers des membres du bureau ne pourront pas, il est vrai, suivre vote par vote les agissements de leurs représentants. Mais ils trouveront une compensation dans la position particulièrement influente et honorable de leurs mandataires.

Quand il y aurait lieu, pour les membres du bureau, d'intervenir dans une seconde épreuve du vote, ils se présenteraient comme des arbitres, ce qui rentre assez bien dans leur rôle général, et l'importance du vote qu'ils auraient à émettre serait un sûr garant de la réflexion et de l'inspiration patriotique qu'ils y apporteraient.

ART. 146.

Le Parlement ne délibère qu'autant que la moitié au moins de ses membres est présente.

ART. 147.

Quand le total des membres présents est inférieur à la moitié, le Parlement s'ajourne à une séance ultérieure, pour laquelle tous les députés sont spécialement convoqués. Si, à cette seconde séance, les députés ne sont pas encore en nombre suffisant, ceux d'entre eux qui sont absents sans excuse légitime, sont privés de la mensualité courante de leur traitement. La délibération des affaires à l'ordre du jour a lieu dans ce cas, quel que soit le nombre des membres présents.

= Ici apparaît, pour la première fois, à l'égard des députés, la sanction pécuniaire. Quand les membres du Parlement ne s'acquitteraient pas de leur service, on les atteindrait dans leur traitement.

Est-ce bien? Est-ce convenable? Oui, certainement aux yeux de l'électeur. L'électeur se considère, non sans raison, comme un maître, et il trouve fort juste de mettre à l'amende le subordonné qui néglige ses devoirs. Suivant lui, il n'y a pas d'autre moyen d'assurer la ponctualité des députés.

Mais il ne faudrait pas déconsidérer ceux-ci. Le député est rationnellement le subordonné de son groupe électoral, mais il est en même temps supérieur à chacun de ses électeurs, pris isolément, puisqu'il cumule, lui, les deux qualités, celle d'élu, celle d'électeur. Il a donc droit à de grands égards. S'il s'aperçoit qu'on le traite en écolier, il laissera sa place à des candidats moins dignes.

Quoiqu'il en soit, même à son point de vue, la sanction pécuniaire est admissible. Elle est équitable, dès lors que le député touche, non pas une indemnité, mais un vrai traitement considéré comme l'équivalent de sa dépense de travail. Et l'on se rappelle qu'il en serait ainsi avec le projet actuel.

Les plus hauts fonctionnaires sont soumis à ce régime, lequel est rigoureusement juste et non déshonorant.

Art. 148.

Les solutions sont prises en règle générale à la *majorité simple* et, s'il y a lieu, à un second tour de scrutin, à la *majorité relative*.

Art. 149.

Dans certains cas déterminés, la majorité des deux tiers est de rigueur. Cette majorité est dite *grande majorité*.

Art. 150.

Elle est nécessaire en particulier dans les déclarations de guerre, ou d'état de siège, et les votes de révocation.

= Pourquoi, dira-t-on, quand une nomination a été faite à la « majorité simple », exiger la « grande majorité » pour la révocation?

C'est qu'il est infiniment moins grave de pourvoir à une vacance d'emploi que de destituer un titulaire.

Art. 151.

La majorité des trois quarts, c'est-à-dire la *très grande majorité* est requise dans certains cas exceptionnellement déterminés par la présente loi.

Art. 152.

L'initiative des affaires soumises aux délibérations du Parlement est prise exclusivement, soit par les ministres, soit par les députés.

Art. 153.

L'initiative des députés ne s'exerce pas isolément, sauf pour des motions orales.

Elle doit émaner :

1° Pour une question, une ordonnance, une motion écrite ou un amendement, de trois députés au moins ;

2° Pour une déclaration, de cinq députés au moins ;

3° Pour une loi proprement dite, de dix députés au moins.

= On a déjà remarqué que le projet est en défiance vis-à-vis de l'initiative d'un député isolé. Ce sentiment se retrouve ici. Il est prudent en effet de se garer contre l'exentricité ou l'entêtement des fâcheux. Ceux-ci peuvent, en effet, occasionner des ennuis, des pertes de temps et quelquefois même des troubles. Et il y en a presque toujours un ou deux dans chaque Assemblée.

Du côté du ministère, le droit d'initiative resterait tel qu'il est aujourd'hui.

Art. 154.

Toutes les propositions, quelles qu'elles soient, à l'exception des motions simples ou orales, sont d'abord remises par écrit au bureau et portées par celui-ci à la connaissance du Parlement.

Art. 155.

Les propositions de loi, d'ordonnance ou de déclaration, sont conçues sous la forme d'un avant-projet qui en indique les dispositions essentielles.

Art. 156.

Les autres formalités à remplir sont les suivantes :

1^{ent}. Pour les lois proprement dites :

1° Vote sur le renvoi de l'avant-projet à une commission ;

2° Dépôt du rapport de la commission ;

3° Vote sur la prise en considération de l'avant-projet et le renvoi de cet avant-projet au conseil de rédaction législative ;

4° Examen, par la commission, du projet dressé par le conseil de rédaction sous forme d'articles séparés et numérotés. Adoption d'un texte provisoire ;

5° Première lecture et première délibération dans le Parlement ;

6° Après un délai d'un mois au moins, deuxième lecture et deuxième délibération.

Toutes ces formalités sont applicables aux dispositions fiscales ayant pour effet de modifier l'application d'une loi en vigueur.

2^{ent}. Pour les ordonnances ou lois d'intérêt restreint, à l'exception du budget :

1° Vote sur le renvoi de l'avant-projet à une commission;

2° Dépôt du rapport de la commission;

3° Vote sur la prise en considération de l'avant-projet et le renvoi de cet avant-projet au conseil de rédaction;

4° Examen, par la commission, du projet dressé par le conseil de rédaction sous forme d'articles séparés et numérotés, et adoption du texte provisoire;

5° Une seule lecture et une seule délibération dans le Parlement.

Cette délibération ne peut être commencée que huit jours au plus tôt après le dépôt de l'avant-projet.

Ces formalités sont également applicables à l'examen ou à la ratification des projets de traités passés par le ministère, soit avec des nationaux, soit avec des Etats ou des particuliers étrangers.

3^{ent}. Pour le budget annuel et généralement pour toutes les affaires intéressant la caisse de l'État :

1° Vote sur le renvoi des propositions à la commission de la caisse de l'État;

Cette commission annuelle est secondée dans ses travaux par un ou plusieurs membres du conseil de rédaction qui lui sont attachés d'une façon exclusive et permanente.

2° Adoption par la commission d'une ordonnance provisoire;

3° Première lecture et première délibération dans le Parlement;

4° Après un délai de huit jours au moins, deuxième lecture et deuxième délibération.

L'ensemble du budget ordinaire doit être déposé, par le ministère, au plus tard le 1er avril, et voté, par le Parlement, au plus tard le 1er décembre de l'année qui en précède l'application.

En cas de retard, et sauf le cas de force majeure, la rémunération des membres du Parlement est supprimée pour tout le temps qui s'écoule du 1er décembre jusqu'au vote final.

4^{ent}. Pour les déclarations :

1° Vote sur le renvoi de l'avant-projet à une commission;

2° Adoption, par la commission, d'un projet de formule. Dépôt de son rapport;

3° Huit jours au plus tôt après le dépôt de l'avant-projet, délibération définitive du Parlement.

Les déclarations dont l'effet doit réagir sur les finances de l'État sont soumises en même temps à la procédure précédente relative aux affaires fiscales. Les demandes d'enquête et les propositions de révocation sont toujours conçues sous forme de déclaration.

5^{ent}. Pour les questions :

1° Vote sur la fixation du jour où la question sera développée et recevra une réponse. Un intervalle de trois jours au moins doit s'écouler entre le dépôt de la question et son développement;

2° Développement de la question et réponse du ministre.

,6ᵉⁿᵗ. Pour les résolutions:

Quelques-unes parmi les motions écrites ne peuvent être résolues que trois jours au plus tôt après leur présentation. Celles-là sont dites *motions extraordinaires*.

Les motions écrites ordinaires peuvent, comme les motions orales émanées d'un seul député, être résolues immédiatement.

= On voit qu'il n'est plus fait mention d'« interpellations. »

L'interpellation n'est au fond qu'une variété de « question. » C'est une « question » aboutissant à un « ordre du jour » ou, ce qui revient au même, à une « déclaration ».

On suivrait donc en matière d'interpellation la procédure édictée pour les déclarations. Et on éviterait ainsi à la fin des discussions ces rédactions hâtives d'ordres du jour multiples au milieu desquels les Chambres aux abois cherchent vainement une bonne solution.

ART. 157.

En cas d'urgence, il peut être dérogé aux dispositions qui viennent d'être énoncées.

L'*urgence simple* est reconnue à la majorité simple.

La *grande urgence* à la grande majorité.

La *très grande urgence* à la très grande majorité.

ART. 158.

La simple urgence permet de supprimer l'intervention du conseil de rédaction.

ART. 159.

La grande urgence autorise la suppression des délais de trois jours et de huit jours.

ART. 160.

La très grande urgence dispense les projets de loi de la seconde délibération.

ART. 161.

Les demandes d'urgence émanant des membres du Parlement sont présentées sous forme de motion écrite ordinaire.

ART. 162.

La promulgation des lois et ordonnances s'opère dans les conditions déterminées par le Code civil.

Elle ne peut toutefois avoir lieu qu'un mois après leur adoption.

ART. 163.

Les déclarations qui ont trait à des mesures effectives ne sont exécutées qu'après un sursis de huitaine.

= Les sursis dont il est question aux articles 162 et 163 sont laissés au Parlement pour revenir, si il le juge utile, sur sa détermination.

Il se produit quelquefois, immédiatement après un vote, un revirement subit avec lequel il faut compter et qu'il n'est pas inutile de prévoir.

Art. 164.

Pendant ces sursis, le Parlement peut, sur une demande signée par la simple majorité de ses membres, soumettre la loi, l'ordonnance ou la déclaration à une nouvelle délibération.

Art. 165.

Il peut, sur une motion orale, supprimer ces sursis par un vote de grande majorité.

= Tous les articles qui viennent d'être lus ont pour objet de garantir l'Assemblée des représentants contre de fâcheux entrainements et de lui laisser en même temps la faculté d'agir vite s'il y a lieu.

La déclaration d'urgence quand elle est prononcée trouve son correctif dans le taux élevé de la majorité qui est alors exigée. — Plus on s'éloignera de la règle, plus l'assentiment devra être étendu.

Art. 166.

Les règlements d'administration destinés à assurer dans ses détails l'exécution d'une loi ou d'une ordonnance sont soumis à l'approbation du bureau du Parlement et rendus exécutoires en même temps que les lois et ordonnances auxquelles ils se rapportent.

= Qu'il s'agisse aujourd'hui d'une loi ayant besoin pour son application d'être complétée par un règlement, il peut fort bien arriver que le règlement ne soit jamais édicté ou qu'il soit édicté fort tard, ou qu'il soit inspiré d'un esprit contraire à celui de la loi elle-même.

Avec l'article 166, il ne pourrait en être ainsi. Le règlement sortirait en effet de la même officine que la loi et cette loi étant lettre morte jusqu'à la rédaction du règlement, ses initiateurs ne seraient pas exposés à se désintéresser du soin de la faire régulièrement compléter.

Art. 167.

Les séances générales du Parlement sont seules accessibles au public. — Les femmes toutefois n'y sont pas admises. — En cas de manifestation ou ou de tumulte de la part des assistants, la séance est suspendue et le local réservé au public est évacué par l'ordre du président du Parlement. Ce local peut même, avec l'assentiment du Parlement, rester interdit pendant un certain laps de temps.

= Pourquoi exclure les femmes?

Parce qu'elles ne jouissent pas du droit électoral. Il n'y a entre elles et les députés aucun lien de mandat. Les affaires politiques enfin ne les concernent pas directement. — Le Parlement aujourd'hui ressemble, à s'y méprendre, à un théâtre et à un cirque. Il y a des électeurs qui s'en plaignent, ceux au moins que la rhéthorique et le pittoresque dramatique n'intéressent pas exclusivement, ceux qu'on pourrait appeler les « électeurs d'affaires ».

Quelle différence avec la Chambre des Communes, avec la Chambre des Lords où la place du public est restreinte, et où sa présence est à peine sensible!

La présence des femmes convient aux fêtes, aux défilés, aux revues, aux réceptions académiques et aux séances officielles. Elle est déplacée là où les hommes discutent entre eux les questions graves et positives. Les députés, les sénateurs eux-mêmes, en vertu de leur sexe et comme les autres hommes sont gens impressionnables. Ils feraient, sans doute, à tout prendre une meilleure besogne s'ils n'étaient pas trop souvent provoqués à braquer leur lorgnette vers les loges; ce qu'ils perdraient en agrément, ils le gagneraient en sang-froid et en dignité.

ART. 168.

La constitution du Parlement en *comité secret* est réclamée quand la nature des affaires y donne lieu, soit par les députés au moyen d'une motion écrite ordinaire, soit par les ministres.

Le bureau parlementaire statue sur cette demande, après en avoir délibéré. Sa décision peut être modifiée par le Parlement pendant l'examen de l'affaire, sur une nouvelle motion écrite ordinaire et sans qu'une discussion particulière puisse être ouverte à ce sujet.

= On dit ici « Comité secret » au lieu de « huis clos », cette dernière expression évoquant, par l'usage qu'on en fait dans la justice criminelle, l'idée de révélations scandaleuses ou obscènes.

= Supposons qu'un ministre ait des motifs pour demander au Parlement de se constituer en comité secret.

Il en fait la proposition au bureau et en développe les raisons dans une réunion particulière de ce bureau. Celui-ci délibère et statue, puis fait connaître publiquement sa décision au Parlement, en en déduisant plus ou moins explicitement, suivant les cas, l'objet et les motifs.

Si le Parlement approuve, pas de difficuté. S'il veut, contrairement à l'avis du bureau, soit maintenir la publicité, soit décider le secret, sa volonté devrait s'appuyer sur un vote de grande majorité. Il aurait en effet contre lui le résultat de l'examen du bureau, ce qui constitue une autorité importante à infirmer. — Il voterait alors sans débats, car à quoi bon se livrer publiquement à une discussion dont l'issue pourrait être en définitive la constitution du « comité secret? »

Quand on discute publiquement en pareille matière, le secret qu'on veut ménager est éventé dès l'abord.

C'est là précisément ce que le projet a voulu éviter, en remettant au bureau, et non à l'Assemblée, le soin de statuer le premier en pareil cas.

Art. 169.

En cas de « comité secret », le Parlement détermine, s'il y a lieu, les faits et circonstances dont les députés devront garder le secret, et le temps que ce secret devra durer.

= L'un des inconvénients du gouvernement représentatif, notamment dans les affaires qui touchent à la politique étrangère, c'est la grande difficulté qu'on rencontre à garder un secret.

Le « secret d'État » n'est pour ainsi dire pas possible avec lui.

Le mystère, il est vrai, n'est souvent ni nécessaire ni salutaire. Toutefois, il peut servir à un moment donné, et les précautions doivent être prises pour cette occurrence.

Si un secret est difficile à renfermer dans un cercle de 400 députés, on pourrait, dans tous les cas, sans trop de peine, le garder pendant la session de la commission de permanence entre les quarante membres qui composeraient cette commission.

Même, au sein du Parlement, il pourrait résuler d'un accord passé entre tous les députés. Ceux-ci se promettraient entre eux, comme des juges, de céler l'objet de certaines délibérations.

L'obligation nouvelle qui en résulterait—et dont ils pourraient à bon droit être fiers — serait naturellement soumise à une sanction. (Voir l'art. 238.)

Art. 170.

Le Parlement règle lui-même l'ordre de ses travaux.

Art. 171.

Il réserve exclusivement, s'il le juge utile, des séances fixes, soit pour l'examen du budget, soit pour l'élaboration des lois proprement dites.

= L'article 171 indique, à titre facultatif, un moyen de remédier à l'un des errements les plus fâcheux de la procédure parlementaire actuelle.

A chaque instant, nous voyons les questions les plus importantes interrompues, ou ajournées, soit par une interpellation, soit par une motion tendant à renverser ou à consolider un ministre.

Les « dilettanti » s'en réjouissent; les patriotes s'en exaspèrent. L'article 171 permettrait de clore hermétiquement certaines séances à toute espèce d'intermède, de consacrer exclusivement certains jours de la semaine, soit au budget, soit aux lois organiques ou d'affaires.

Art. 172.

Le bureau parlementaire peut être investi, soit par mesure spéciale, soit par voie réglementaire, du droit de limiter à l'avance la durée des discours prononcés, soit par les députés, soit par les ministres.

= Cet article donne au Parlement le moyen de se prémunir contre l'incontinence de parole, et en même temps contre un certain genre d'obstruction.

Le procédé qu'il indique n'a rien d'humiliant ni d'irrévérencieux. Il a souvent été employé, sous des formes diverses, dans de hautes Assemblées.

Qu'on voie ce qui se passe dans les concours universitaires. Aux futurs agrégés, on assigne tel laps de temps pour développer telle question.

Il est beaucoup moins incivil de mesurer le temps d'un orateur que lui fermer la bouche par un vote de clôture.

Art. 173.

L'usage de la tribune oratoire est facultatif.

= La tribune engendre la pose et la prolixité. Ce n'est pas un accessoire forcé du parlementarisme, puisqu'en Angleterre elle n'existe pas. Elle est incommode pour la discussion, car elle oblige les « debaters » à se déplacer, eux et leurs notes et leurs livres. Elle effraie les orateurs timides et exalte la témérité des audacieux. Elle s'oppose à la mise au jour de nombre d'observations précieuses ou même de discours utiles qui ne demanderaient pour être produits qu'à pouvoir être présentés par le député, de sa place, simplement, sans appareil oratoire.

Pour tous ces motifs, la tribune mériterait d'être supprimée et d'être rendue exclusivement à l'éloquence sacrée à laquelle seule elle convient. Mais il ne faut pas oublier que nous sommes des Latins, entichés pour longtemps encore des souvenirs d'Athènes et de Rome.

Aussi, propose-t-on seulement ici d'en rendre l'usage facultatif. Plus tard, si le nombre des députés pouvait encore être diminué, elle deviendrait vite absolument démodée.

CHAPITRE V.

ANNEXES DU PARLEMENT.

SECTION PREMIÈRE.

CONSEIL DE RÉDACTION LÉGISLATIVE.

= La nécessité d'un conseil de rédaction législative est une de celles qui s'imposent le plus impérieusement.

Il paraît à tout le monde indispensable que le Parlement ait à sa disposition des légistes pour rédiger les lois, libeller les règlements et tenir les archives.

C'est le Parlement qui fait les lois et non pas tel député, tel ministre ; c'est donc à lui qu'il appartient d'en disposer le texte.

Il faut pour cette besogne des hommes spéciaux, au courant de la législation actuelle, de son histoire, de sa formation, de ses mille branches et ramifications.

Il faut des hommes habitués à l'exégèse, à la discussion, se rendant bien compte de la portée d'un mot, d'une omission, du caractère pratique d'une disposition, des conditions dans lesquelles son application s'effectuera, etc., etc.

En règle générale ni les députés, ni les fonctionnaires des ministères ne réunissent ces conditions.

Le Conseil d'État actuel, d'origine monarchique et impériale, est principalement une juridiction contentieuse. Il rend très peu de services comme préparateur de lois. On répugne, semble-t-il dans la pratique, à lui faire tenir en même temps ces deux rôles, généralement considérés comme inconciliables, celui de juge et celui de législateur.

Son titre de Conseil d'État convient à un conseil privé d'empereur ou de roi. Il ne convient ni à une corporation judiciaire ni à une corporation de légistes rédacteurs.

C'est devenu une institution hybride dépendant à la fois du Parlement et de l'administration, servant surtout à ne pas laisser sans place des notabilités estimables.

Il ne serait pas impossible de l'adapter sous le nouveau titre ci-dessus indiqué, au service de notre démocratie, en subordonnant son personnel, non pas au Parlement tout entier, mais au bureau de ce Parlement, ce qui pratiquement serait de beaucoup préférable.

<h3 style="text-align:center">ART. 174.</h3>

Le conseil de rédaction législative est chargé de la préparation des textes législatifs et de la garde des archives du Parlement.

<h3 style="text-align:center">ART. 175.</h3>

Il élabore les règlements d'administration nécessaires pour l'application des lois et ordonnances.

<h3 style="text-align:center">ART. 176.</h3>

Il se compose de conseillers et secrétaires.

<h3 style="text-align:center">ART. 177.</h3>

Il agit sous la direction et le contrôle du bureau parlementaire qui en nomme et révoque les membres, conformément à la loi d'organisation de ce conseil.

<h3 style="text-align:center">ART. 178.</h3>

Il est, autant que possible, installé dans le même local que le Parlement.

<h3 style="text-align:center">ART. 179.</h3>

Un ou plusieurs conseillers rédacteurs assistent dans les commissions et au Parlement, à l'examen des lois et ordonnances auxquelles le conseil de rédaction a collaboré.

= Il conviendrait, ce semble, de leur donner un uniforme pour les distinguer des députés.

SECTION II.

MINISTÈRE.

= C'est dans cette section que se trouvent les innovations les plus importantes et les plus utiles.

On y voit fort explicitement établies :

1° La subordination de l'administration au Parlement;

2° La suppression de l'irresponsabilité présidentielle;

3° La suppression du parlementarisme;

4° L'incompatibilité des fonctions parlementaires avec les fonctions ministérielles.

1° Subordination de l'administration au Parlement.

= On a cru pendant longtemps à la Sainte Trinité des pouvoirs. Ces pouvoirs qui passaient pour être indépendants les uns des autres, s'appelaient le pouvoir législatif, le pouvoir exécutif et le pouvoir judiciaire. Leur équilibre assurait, disait-on, l'harmonie sociale. Le premier était censé réservé au peuple; le second appartenait au chef de la famille régnante; le troisième formait le principe d'une caste.

Cette division, d'invention relativement récente (elle date de Montesquieu et du XVIIe siècle), avait été imaginée pour contrebalancer l'autorité royale; mais en réalité elle n'a jamais été qu'un trompe-l'œil. De tout temps, la force a exercé son empire et presque toujours le pouvoir du roi, ou si l'on veut, le pouvoir exécutif, a dominé et mené les deux autres. Il a d'ailleurs toujours eu jusqu'ici, contrairement au principe même de la séparation, un pied dans le domaine législatif par le droit d'initiative ou de *veto*, et un pied dans le domaine judiciaire, au moyen des lits de justice, du droit de nommer les juges civils et de la faculté de se faire juger par des juges administratifs. — C'était juste d'ailleurs. L'organisation sociale a été jusqu'aujourd'hui basée sur la royauté, et après le gouvernement démocratique il n'en est peut-être pas de meilleur que l'autocratie.

Désormais, cette trilogie n'est plus de mise. La séparation des pouvoirs aura eu son utilité comme transition entre la monarchie et l'organisation collective. Mais le pont est passé. Actuellement, le pouvoir est redevenu unique, et il est tout entier dans le peuple;

non plus dans ce peuple restreint que délimitait le cens, mais dans l'universalité des citoyens.

Le peuple ne pouvant lui-même faire usage de son pouvoir, suivant les affaires et les événements que chaque jour amène, délègue ce pouvoir au Parlement.

Quel est donc le rôle de ce dernier? Dire la loi, donner l'ordre et ensuite contrôler.

Le Parlement a besoin d'agents. Ces agents, qu'on les appelle ministres ou autrement, devront être comme tous les agents des exécuteurs dociles, rapides et intelligents de ses mandements. La subordination de l'administration au Parlement découle, on le voit logiquement, du principe de la souveraineté du peuple.

Qu'on ne parle donc plus de «Président de la République». Il y a un premier ministre, ou plutôt un chef de ministère, un président de ministère, si l'on veut, mais rien de plus.

C'est le Parlement qui règne. Le gouvernement se compose du Parlement et de l'administration. Le Parlement contrôle l'administration et l'électeur contrôle le Parlement.

Qu'on envisage les sociétés commerciales ou financières qui fonctionnent aujourd'hui en si grand nombre. Y est-il jamais question de cette vieille formule de la séparation des pouvoirs? Il y a un seul pouvoir, celui de l'actionnaire. Les représentants de l'actionnaire commandent, les directeurs gèrent les affaires. Un double contrôle s'opère, celui du conseil sur la direction, et celui de l'actionnaire sur le conseil.

Est-ce à dire qu'il n'y aurait plus de séparation, plus d'incompatibilité entre les différents services ds l'État?

Non, bien certainement. Il resterait toujours la *séparation des fonctions*, la seule séparation utile, qu'il ne faut pas confondre avec la séparation des pouvoirs; car elle n'est pas tripartite; et, au fond, elle n'est pas autre chose que l'application à l'État du principe de la division du travail.

Le député ne mettrait pas la main à l'administration; le ministre participerait à la discussion, mais non point au vote des lois.

Il y aurait toujours des fonctionnaires spéciaux pour l'armée, pour l'impôt, pour l'enseignement, pour la police, pour l'arbitrage, pour le culte, etc.

Mais le pouvoir judiciaire, que devient-il dans cette nouvelle conception?

D'abord, il n'a jamais été qu'une ombre de pouvoir, n'ayant d'autres armes que la protestation ou l'exil. Depuis que la vénalité des charges n'existe plus, cette ombre elle-même a disparu. Loin de faire l'apanage d'un corps spécial, sa fonction est morcelée en une infinité de juridictions différentes, dont le personnel est emprunté aux professions les plus diverses. Il y a des juges commerciaux, des prud'hommes, des tribunaux administratifs, universitaires, ecclésiastiques, des jurys civils, des conseils de guerre, des tribunaux maritimes, etc., etc., avec un tribunal des conflits au sommet, tribunal dont la moitié des membres porte l'estampille administrative. En résumé, la justice est un simple service public comme celui de l'armée ou de l'enseignement, un service qui, à raison même de son but exige, comme tous les autres, dans la personne de ses agents des qualités spéciales, lesquelles sont ici le désinéressement et l'indépendance.

Impossible de reconnaître en lui l'un des trois facteurs de l'autorité nationale. On peut même se demander comment nos yeux ont persisté si longtemps à le voir assis dans le vieux ciel constitutionnel, entre le peuple et le roi;

2° *Suppression de l'irresponsabilité présidentielle.*

Cette irresponsabilité est encore un reste du fétichisme monarchique.

Avec la monarchie elle avait sa raison d'être. Dès lors que le roi était maître absolu, dès lors que sa personne était considérée comme le *palladium* de la nation, il ne pouvait être pour lui question de comptes à rendre, de sanction ou de révocation à encourir.

Il n'en saurait être de même aujourd'hui, si l'on admet la suprématie du Parlement et la subordination de l'administration. Le chef de cette administration n'est plus qu'un agent, un fonctionnaire, et comme tel, il doit évidemment être soumis au principe de la responsabilité.

Actuellement, on peut dire d'une manière générale qu'il n'y a plus d'autres personnes irresponsables que les faibles d'esprit, les enfants et généralement les incapables.

On a quelque fois reproché à l'organisation démocratique d'énerver le Parlement. Le Français, dit-on, aime à être gouverné; il a besoin de l'être, or, en République, il ne l'est pas, ou il ne l'est pas assez.

A qui la faute? A la démocratie? Pas le moins du monde. — La cause de cet énervement, il faut la chercher dans les dispositions constitutionnelles qui admettent, non seulement l'irresponsabilité présidentielle, mais encore le parlementarisme et le cumul des fonctions parlementaires et ministérielles.

Est-il possible, pour ne parler que de l'irresponsabilité, d'avoir avec elle une administration ferme, homogène et conséquente?

Non seulement cette irresponsabilité est surannée, dissolvante; elle est encore dangereuse pour la souveraineté populaire. Elle donne, en effet, au Président un pouvoir supérieur à celui du Parlement. Quand le Président est mécontent du Parlement, il peut, si le Sénat y consent, dissoudre la Chambre des députés.

Supposons que le Parlement soit mécontent du Président irresponsable de la République. Que fera-t-il? Il mettra son président du conseil en minorité. Fort bien. Mais admettons que le Président de la République nomme un second président du conseil tout pareil au premier, ou même qu'il s'obstine à conserver son premier ministre. Que fera le Parlement? Mettra-t-il le Président de la République en accusation? Non, il ne s'agit pas là de ce que les textes parlementaires appellent si élégamment *haute trahison*. La Constitution reconnaît au Président la faculté de nommer les ministres qui lui conviennent le mieux. — Comment faire alors? Le Parlement pourra refuser le budget, soit. Mais cette mesure ne touche pas seulement le Président, elle paralysera tout le pays. Et si le budget est déjà voté au moment du conflit, comment sortir d'embarras?

Il ne peut continuer à en être ainsi.

Il tombe sous le sens que le chef d'une administration doit être responsable.

Et la conséquence, c'est que le chef de notre service central pourrait être, non seulement mis en accusation pour manquement commis dans ses fonctions, mais encore révoqué avant l'expiration du terme légal de sa fonction.

La révocabilité est de droit pour tous les agents de la démocratie, car la souveraineté populaire ne s'aliène pas.

Le Parlement ne peut donner au chef administratif qu'il nomme une inamovibilité temporaire, que les députés eux mêmes ne peuvent légitimement pas réclamer.

Mais, va-t-on dire, le règne du provisoire, le voilà bien. Avec cette révocabilité, comment aurons-nous jamais une administra-

tion forte, un vrai gouvernement? A cela on peut répondre qu'un
service administratif n'est jamais mieux fait que par un personnel
discipliné, mettant sa gloire à servir loyalement, et tenu en respect
par la possibilité d'une révocation. — Est-ce à dire que la révocation
doive intervenir souvent? Non point. Voyez ce qui se passe, même
aujourd'hui. Les fonctions révocables mènent aussi sûrement à la
retraite que les fonctions inamovibles ou irresponsables. En tous
cas, une révocation vaut mieux qu'une révolution.

3° *Suppression du parlementarisme.*
Le mot « parlementarisme » est pris ici dans un sens restreint.
Si l'on entend par là que la volonté de la majorité doit prévaloir
dans le gouvernement, il ne peut être question de le supprimer.
Ce qu'il convient de faire disparaître, c'est le mode d'action dont
le Parlement a pris l'habitude de se servir à l'égard des ministres.
Quand un ministre a cessé de plaire, le Parlement le lui fait
comprendre en rejetant les lois qu'il présente, et il est entendu que
les nouveaux ministres doivent être pris parmi ceux qui ont aidé à
ce rejet. Pour bien des personnes, tout le parlementarisme est là.
Le procédé est courtois, mais il est ambigu, et des inconvénients
peuvent en résulter.
Un mauvais ministère peut présenter par hasard une bonne loi;
alors pourquoi repousser cette loi? Inversement, un bon ministère
peut proposer une mauvaise loi ; alors pourquoi accepter cette mauvaise loi?
Qu'on suppose un ministre très prudent, très désireux de se maintenir au pouvoir. Que devra-t-il faire? S'abstenir de tout projet,
car il pourrait, en un certain point, s'il s'avançait tant soit peu, se
trouver désavoué par les Chambres.
Ne serait-il pas infiniment plus simple, plus clair, de faire une
déclaration et de pouvoir dire : « Le Parlement demande la révocation de tel ministre ».
Dans les sociétés ordinaires, les choses ne se passent pas autrement.
Les conseils d'administration ne se gênent pas pour demander le
remplacement de tel ou tel agent. Cette manière d'agir est plus
franche, plus naturelle, plus conforme que l'autre au caractère
français.
Le parlementarisme est comme le « cricket » ; c'est un jeu
anglais auquel nous restons, il faut bien le dire, maladroits. A ce
jeu, le grand point pour le ministère et le Parlement, c'est de dé-

terminer la question sur laquelle on attachera le grelot minis-
tériel. Chez les Anglais, le grelot se pose pour ainsi dire de lui-
même au moment psychologique. C'est l'effet d'une longue habitude, d'une vieille tradition qui a sa source dans l'assemblée aris-
tocratique des Lords. Ceux-ci ont longtemps dominé leur pays ; ils
faisaient les lois et administraient ; ils constituaient même, en
outre, la Cour de cassation, la Cour suprême. Le chef du ministère
était naturellement pris dans leur groupe et quand il y avait lieu
de le déplacer, ils avaient recours à un procédé diplomatique et
indirect. Pourquoi? Parce qu'il convenait de ménager la suscepti-
bilité de ses pairs, et parce que l'autorité du roi, le premier des
pairs, devait, dans la forme au moins, être respectée.

A un certain moment de la période transitoire que nous traversons
depuis un siècle, on s'est passionné chez nous pour le parlementarisme. On n'a pas remarqué qu'il était contraire au principe de la
séparation des pouvoirs avec lequel on a eu la prétention de le faire
coexister. Ça été un accès d'anglomanie. Mais on commence à comprendre que les mécanismes d'outre-Manche, organisés pour le service d'une oligarchie, ne conviennent pas à une société démocratique.

Il n'est pas à souhaiter que chez nous les ministres prennent
l'habitude de faire cause commune avec les lois et mesures qu'ils
proposent. La Constitution doit être la première à leur montrer que
leur rôle est tout différent. Il n'y a aucun déshonneur pour un ministre à voir rejeter un projet qu'il a présenté. Un directeur de
société anonyme ne démissionne pas, en général, pour un pareil
motif, pas plus qu'un avocat dont le procès est perdu, ou un méde-
cin dont le client est mort.

En résumé, quand le Parlement voudrait un remplacement de
ministre, il le dirait formellement ; le sort des lois ne serait plus
lié à celui des agents du pouvoir. Non seulement c'est plus clair,
mais c'est plus sûr.

Aujourd'hui, il peut y avoir des malentendus. Le ministre peut
dire au Parlement qui a voulu le mettre en minorité, qu'il n'avait
pas eu l'intention d'engager son portefeuille. Le ministre, après
s'être découvert, peut encore se raviser et dire : je reste. Comment
faire alors? Car, ne l'oublions pas, nous jouissons aujourd'hui d'une
organisation parlementaire. C'est bien convenu implicitement, mais
ce n'est écrit nulle part.

4° *L'incompatibilité des fonctions parlementaires avec les fonctions ministérielles.*

Voilà la réforme la plus nécessaire. Elle est déjà admise par un grand nombre d'électeurs. Il reste à la faire admettre par les élus.

Aujourd'hui, nos 900 législateurs produisent peu. Pourquoi? D'abord parce qu'ils sont trop nombreux, et puis parce qu'ils perdent un temps énorme autour de cette question sans cesse renouvelée, Qui est-ce qui sera ministre?

Pourquoi cette question les intéresse-t-elle autant? Parce que, ministre, ils ont tous l'aptitude, sinon le goût de le devenir. — Il est même pour ainsi dire admis, que les ministres ne se recrutent que parmi eux. Être ministre, *homme d'État,* quel titre de gloire pour les politiciens de notre démocratie! Être ministre, ne fût-ce même qu'un seul jour, quelle bonne fortune! Car si on cesse de l'être, on reste encore sénateur ou député. La brigue, on le voit, pour un tel but est séduisante.

Eh bien! le projet ci-dessus voudrait la rendre impossible.

Du jour où les membres du Parlement se sentiraient cantonnés dans leurs fonctions, où les membres du ministère sauraient bien qu'en cessant d'être ministres, ils ne reviendront pas députés, les affaires législatives et politiques marcheraient sans doute mieux.

Voyons encore une fois les sociétés anonymes.

Les directeurs et agents sont-ils généralement membres du conseil d'administration?

Ce n'est pas que la société anonyme, telle que nous la connaissons, soit un chef-d'œuvre absolu. Il n'y est pas suffisamment pourvu à la garantie de l'actionnaire. Mais pour le reste, elle est conforme au bon sens, à la logique. Elle a le grand avantage de ne pas avoir été organisée par les administrateurs et directeurs eux-mêmes, tandis que nos Constitutions sont toujours faites par qui? par un législateur désintéressé? Non. Par les électeurs? Non plus. Ceux-ci ne sont même pas admis, quant à présent, à les ratifier ni à les rejeter. Par qui donc? Par ceux-là même dont elle doit déterminer et limiter le pouvoir. Et alors comment s'étonner que nos mandataires cherchent instinctivement à en tirer le plus grand profit possible.

Voit-on jamais les conseillers généraux prétendre à devenir chefs de division à leur préfecture. Pourquoi donc ce fatal cumul se produirait-il seulement dans la sphère du pouvoir central? Non seulement il est contraire au principe de la séparation des pouvoirs, mais il va à l'encontre de la règle si efficace, si pratique, de la division du travail.

Que les députés restent dans les termes de leur mandat : Commander, contrôler. Leurs électeurs ne les ont pas délégués pour prendre en main un service administratif spécial.

Que les ministres mettent leur amour-propre à être l'œil et la main du Parlement, qu'ils soient des hommes d'affaires, d'organisation, d'autorité. Ce sont là des qualités spéciales plus faciles à rencontrer dans le personnel déjà attaché aux services publics, que dans celui du Parlement. Et surtout qu'ils restent longtemps en fonctions, servant docilement le pays, comme jadis on servait son roi. Un gouvernement, où dix-huit mois de stabilité ministérielle est un fait historique signalé à l'étonnement de la postérité, est un gouvernement girouette et polichinelle. Où en seraient donc les compagnies de chemins de fer, les sociétés de crédit, si elles changeaient de directeur à chaque saison !

Art. 180.

Le ministère est chargé de l'administration générale du pays.

Art. 181.

Il fait appliquer les lois et ordonnances et se conforme en tous points aux volontés du Parlement. Il propose, quand il y a lieu, des lois nouvelles.

Art. 182.

Il se compose d'un commissaire général de la République, de son lieutenant général, d'un certain nombre de ministres placés à la tête de départements ministériels distincts, et d'un nombre égal de sous-ministres.

= Si le titre de commissaire général de la République ne paraissait pas convenable, on en donnerait un autre, celui de maréchal, de directeur, de primat, de consul ou un autre. Le nom importe peu dès lors qu'on ne donne plus le titre impropre de Président de la République.

= L'utilité d'un vice-président ou plutôt d'un lieutenant, est presque unanimement reconnue. Ce fonctionnaire existe aux États-Unis et en Suisse. Si nous ne l'avons pas encore chez nous, c'est que nous restons pénétrés de la tradition monarchique où il n'y a point de place pour le vice-roi.

Un suppléant est indispensable au chef de l'administration, non seulement pour les cas de maladie, mais encore pour la direction générale du ministère. Ce poste existe dans toutes les grandes administrations.

La lieutenance pourrait, quelquefois, servir utilement de stage pour arriver au poste de commissaire général.

= Le projet parle de « sous-ministres » c'est-à-dire de lieutenants de ministres. Le mot n'est pas nouveau et paraît valoir au moins autant que celui de sous-secrétaire qu'on emploie aujourd'hui.

Art. 183.

Le nombre de départements ministériels est fixé par le Parlement. Il est de cinq au moins et de dix au plus.

= Le « minimum » et le « maximum » du nombre des départements ministériels est ainsi fixé par la Constitution. Le chiffre précis serait déterminé par le Parlement et non par l'administration.

Cette disposition, qui a pour but de prévenir certains abus, laisse au Parlement une marge suffisante. La division ministérielle pourrait être remaniée si on le jugeait convenable. On pourrait même créer des départements nouveaux, tels que ceux de l'assistance, de la santé publique ou de la statistique; mais, dans tous les cas, il n'y aurait jamais lieu de pousser le morcellement au delà de dix services généraux.

Art. 184.

Le commissaire général de la République est le chef du ministère.

Art. 185.

Il est nommé par le Parlement, pour sept ans, et n'est pas rééligible. Son élection a lieu trois mois avant l'expiration des fonctions du commissaire général actuel. Il est révocable.

= Sept ans. Est-ce suffisant? C'est une question de mesure et d'appréciation.

En sept ans, le Parlement est complètement renouvelé. C'est pour ce motif que le projet fixe au même terme la durée d'un commissariat général.

Il ne conviendrait pas de réduire ce délai. On pourrait plutôt l'étendre, car, avec la révocabilité, la longueur des fonctions perd la plupart de ses inconvénients.

= Le commissaire général ne serait pas rééligible ni immédiatement, ni plus tard. On serait commissaire général une fois, jamais plus. — Cette interdiction pourra paraître excessive. C'est pourtant le seul moyen de prévenir le danger d'intrigues entre le Parlement et le commissaire général. Le danger est facile à apercevoir en tant qu'il s'agit de réelection immédiate. Il existe encore même pour la réélection médiate et ultérieure.

On peut en effet imaginer, sans trop d'effort, le cas de deux personnes qui s'entendraient pour être alternativement commissaire général, ou plus simplement encore celui d'un commissaire général qui s'engagerait, pour payer les bons offices de son prédécesseur, à faire tous ses efforts pour le faire revenir à la tête de l'administration.

N'oublions pas que, dans le projet, le président du Parlement est indéfiniment rééligible. C'est en lui surtout que pourra se fixer la stabilité.

La faculté de laisser indéfiniment le même lieutenant attaché au commissariat général offre encore un moyen d'entretenir l'esprit de suite dans l'administration.

Qu'on suppose enfin un lieutenant général devenu commissaire général et choisissant lui-même un lieutenant qui lui succède; ne voit-on pas là, pour vingt et un ans peut-être, un gage de tradition et d'unité de vues?

Art. 186.

Avant d'entrer en fonctions, il s'engage, par une promesse solennelle formulée devant le Parlement, à faire exécuter loyalement toutes les lois et à se comporter dans son administration en fidèle et dévoué serviteur de la souveraineté populaire.

= Les formules et les cérémonies ont leur utilité propre; à la condition qu'elles soient simples et courtes, une démocratie peut encore en faire emploi. La Révolution de 1889 ne dédaignait pas d'en faire usage.

Aujourd'hui, un Président de la République peut accomplir son septennat, sans se mettre une seule fois personnellement en relations avec le Parlement; cela est au moins bizarre. Il est d'usage qu'il aille au jour de l'an visiter les Présidents des Chambres, mais aucun texte ne l'y oblige.

Art. 187.

Le commissaire général de la République représente le pays dans les relations internationales, dans les contrats et dans les procès.

Art. 188.

Il dispose de la force publique sans la commander en personne.

= C'est une mesure de précaution contre l'usurpation de la souveraineté populaire. Il est bon, en outre, que le Commissaire général puisse être pris en dehors de l'armée. Qu'un roi expose sa personne dans les combats, rien de plus juste; il est plus intéressé que ses sujets au succès de ses armes. Dans une démocratie, on peut se dispenser d'ajouter aux embarras d'un conflit guerrier, le danger d'un changement d'administration.

ART. 189.

Il distribue les décorations et récompenses civiques.

ART. 190.

Il préside aux solennités nationales.

ART. 191.

Il assiste aux séances générales du Parlement quand il le juge utile. Il peut y être mandé par une motion écrite extraordinaire.

ART. 192.

Il communique encore avec le Parlement en lui envoyant des rapports personnels, quand il le juge convenable.

ART. 193.

Chaque année, à la fin de Décembre, il fournit personnellement et par écrit un résumé sommaire des résultats administratifs obtenus pendant l'année, et, en même temps, il fait officiellement connaître le total de la population électorale par départements territoriaux.

= Il est nécessaire que le pays soit tenu exactement au courant des variations qui peuvent se produire dans l'effectif du corps électoral.

Ce renseignement est d'autant plus utile, dans le projet ci-dessus, qu'il y aurait chaque année une série d'élections parlementaires et que le nombre des candidats dépendrait, on s'en souvient, du nombre des électeurs.

Avec les listes électorales, ce recensement spécial et annuel est très facile à opérer.

ART. 194.

Il ne peut quitter sa résidence sans en avoir averti le président du Parlement.

Il ne peut quitter la France continentale sans y avoir été autorisé par le bureau parlementaire.

ART. 195.

Sa rémunération annuelle est de 100,000 fr. Il lui est attribué, en outre, chaque année, des frais de représentation. Il est logé aux frais de l'État, à proximité du Parlement.

= Le traitement du commissaire général est le seul dont il soit question dans ce texte.

En le fixant à 100,000 francs, le projet a eu pour but d'indiquer un « maximum » que la solde des fonctionnaires ne pourrait jamais dépasser, et de bien établir que, dans une démocratie, la dotation des services publics ne doit s'inspirer ni de l'idée de faste, ni de celle de l'enrichissement.

= « A proximité du Parlement. » — L'idéal d'une administration centrale en France serait, à la place de nos palais administratifs clairsemés, un Louvre, sinon une Cité, où tous les services seraient réunis, indépendants de la ville de Paris et militairement garantis.

ART. 196.

En cas de décès, il est remplacé dans le délai d'un mois.

ART. 197.

Les commissaires généraux de la République qui ont terminé leur septennat sont de droit membres du Comité des censeurs.

= Depuis 1870, on s'est souvent demandé : quel sort fera-t-on aux anciens Présidents de la République?

La question est ici résolue. Les anciens chefs d'administration trouveraient leur place au Comité des censeurs. Ils deviendraient les gonfaloniers du peuple; ils ne sauraient trouver une retraite plus digne et plus utile. Le Comité des censeurs pourrait, en effet, devenir la pierre angulaire de notre société politique.

ART. 198.

Le lieutenant du commissaire général de la République est assimilé aux ministres. Il remplit les fonctions que lui délègue le commissaire général et le remplace en cas d'absence, de maladie ou de décès.

= Ainsi, le lieutenant général serait, comme les autres ministres, nommé par le commissaire général. Mais si le Parlement n'approuvait pas son choix, il pourrait en provoquer un autre au moyen d'une déclaration expresse.

ART. 199.

Les ministres sont nommés et révoqués par le commissaire général de la République.

Le Parlement peut, par une déclaration, provoquer leur remplacement.

ART. 200.

Ils ont librement accès aux séances générales du Parlement, sans toutefois prendre part aux votes.

Ils peuvent y être mandés par une motion écrite ordinaire.

= Suivant ce projet, les ministres ne votent pas. De même, un préfet ne vote pas au conseil général. Il ne peut en être autrement dès lors que les ministres n'ont pas le titre de députés.

ART. 201.

Ils y introduisent, en cas de besoin, et avec l'assentiment du Parlement, des chefs de service de leurs départements ministériels.

ART. 202.

Des rapports écrits leur sont demandés directement, s'il y a lieu, par une motion écrite ordinaire.

ART. 203.

Il y a autant de sous-ministres que de ministres.

Ils secondent les ministres et les remplacent en cas d'empêchement.

Ils sont nommés, révoqués et remplacés dans les mêmes conditions.

ART. 204.

Aucun des membres du ministère ne peut être en même temps député.

= Cela ne veut pas dire qu'un député ne pourra pas être choisi pour l'emploi de ministre.

Les membres du ministère pourraient être pris dans le Parlement, comme partout ailleurs ; seulement, le député, nommé ministre, cesserait *hic et hunc* et absolument, d'être député. En d'autres termes, pour devenir ministre on donnerait sa démission de député.

Le député, devenu ministre, serait remplacé suivant le procédé indiqué à l'article 83.

ART. 205.

Ceux qui, avant de faire partie du ministère, étaient attachés à un service public, cessent de toucher leur traitement professionnel et restent dans la disponibilité de leur ancien emploi.

ART. 206.

Les membres du ministère jouissent tous de l'immunité accordée aux députés, quant à la liberté individuelle.

ART, 207.

Ils sont, comme eux, justiciables, pour manquements fonctionnels, du Parlement et du Comité des censeurs.

ART. 208.

Toutes les décisions administratives (nominations, avancements, révocations, commissions, marchés) concernant des parents ou alliés des membres du ministère ou du Parlement, jusqu'au sixième degré inclusivement, sont immédiatement insérées au *Journal officiel*, sous une rubrique spéciale.

= On n'empêchera jamais un ministre ou un député de faire du bien aux siens. Celui qui, étant au pouvoir, s'interdirait stoïquement de faire bénéficier ses proches et ses amis de sa position, jouerait un rôle de dupe ; il s'aliénerait toute sa famille et ne serait pas compris du public. D'autre part, les parents d'un ministre ne peuvent être frappés d'« incapacité de recevoir », comme disent les jurisconsultes. Il y a un moyen de laisser le champ libre aux avancements légitimes, tout en opposant une digue aux excès vraiment abusifs du népotisme.

Ce moyen, c'est la publicité prescrite à l'article 208. Grâce à cette publicité, le contrôle, et s'il y a lieu, la censure de l'opinion publique pourraient s'exercer.

SECTION III.

COMITÉ DES CENSEURS.

§ 1er. — Compétence des Censeurs.

= Avec un conseil d'administration et une direction, un mécanisme social peut déjà fonctionner.

Pour être parfait, il lui faut ce que, dans la loi sur les sociétés commerciales, on appelle « conseil de surveillance », c'est-à-dire des mandataires spéciaux chargés de contrôler les mandataires généraux, en d'autres termes : des *contre-mandataires*.

En politique, l'utilité de ce troisième élément se fait particulièrement sentir. A côté du Parlement, il est bon que l'image, la personnification du peuple apparaisse et reste présente. Si le Parlement devient partie litigante dans un conflit, dans un procès, il faut bien qu'il trouve un arbitre et un juge. Ce qui a permis à la dualité des Chambres de se prolonger même dans des pays égalitaires, c'est que la Chambre haute paraissait justement répondre à cette nécessité du troisième rouage. Le tort qu'on a eu fut d'en faire une Assemblée législative et d'y introduire, par là même, un nombre beaucoup trop considérable de membres.

Pour une Assemblée de contrôle, quelques personnes suffisent ; mais il ne convient pas que les places y soient données à la faveur. Il ne faut pas non plus que la surveillance constitue une entrave à la marche des affaires. Le rôle des contrôleurs consiste, non pas à arrêter la machine gouvernementale, mais à la surveiller et à pousser le cri d'alarme quand la Constitution est violée.

Les Censeurs, tels que les imagine le projet ci-dessus, seraient les hommes de confiance du peuple. Leur situation serait plus honorable que brillante. En entrant dans le comité, qui serait comme le collège des décemvirs ou le conseil des dix, ils renonceraient à toute autre ambition. A ces hommes déjà âgés et chargés d'honneurs, toute nouvelle carrière publique serait fermée; toute distinction, toute récompense ultérieures seraient interdites.

Ils ne seraient pas indépendants du Parlement. Néanmoins leur révocation serait subordonnée à un vote exceptionnel, celui de la très grande majorité, et ne pourrait être prononcée que dans des circonstances d'une particulière gravité.

Par qui seraient-ils élus? Par le Parlement, dit le projet. Ce mode d'élection est simple et pratique. Cependant la logique exigerait peut-être qu'ils fussent nommés par le suffrage universel. Si l'on voulait en arriver là en adoptant le système électoral qui a été ici exposé, il faudrait pousser plus avant la série des délégations dont il a été parlé, c'est-à-dire faire suivre les délégués d'arrondissement, de délégués de département et de délégués de province, ces derniers devant se réunir à Paris, pour le choix définitif des candidats.

Les objections que soulève l'élection populaire du chef administratif ne s'appliqueraient pas à l'élection des Censeurs. Ceux-ci, en effet, seraient presque toujours des personnages connus, puisque, pour être Censeur, il faudrait avoir été soit député, soit ministre pendant dix ans, soit président du Parlement. D'un autre côté, ils ne seraient pas les agents directs du Parlement.

Or, s'il est vrai que la nomination du chef administratif doive appartenir logiquement au Parlement et non au peuple, la cause en est dans ce que le chef d'administration est l'agent, le subordonné du Parlement, l'exécuteur de ses œuvres.

Le Comité des censeurs ne comprendrait pas seulement dans son sein des membres élus, il renfermerait aussi, comme membres de droit, les anciens commissaires généraux, ayant accompli, dans leur entier, leur septennat. Ne voit-on pas quelle haute garantie il y aurait pour le peuple, dans ce petit groupe d'hommes d'État consommés, retraités comme hommes d'action, mais honorablement maintenus comme conseils, comme gardiens de la nation.

Ils veilleraient sur le droit populaire comme des prêtres sur un dépôt sacré. Le droit d'élection et le droit de pétition, qui en sont les principaux organes, seraient l'objet de leur sollicitude particulière. Enfin, ils attireraient à eux les affaires que le Parlement ne peut trancher sans être à la fois juge et partie; par exemple : la vérification en appel des pouvoirs parlementaires, le jugement des personnages politiques mis en accusation par la majorité des députés, l'examen des demandes d'incarcération relatives aux députés et aux ministres.

L'exercice du droit de grâce rentrerait encore dans leur compétence. Ce privilège royal ne saurait plus longtemps rester aux mains d'un simple chef d'administration. D'autre part, il ne serait pas remis sans inconvénient au Parlement, à cause de la besogne administrative qu'il comporte et des questions de personnes qu'il soulève.

On ne trouvera ici, sur le Comité des censeurs, que des idées générales. Les détails de son organisation devraient ultérieurement être réglés par une loi spéciale.

Art. 209.

Les Censeurs statuent sur les mises en accusation formées par le Parlement et sur les demandes d'incarcération formées par le Parquet contre les députés ou les ministres.

Art. 210.

Ils décident sur les recours en grâce.

Art. 211.

Ils veillent à la libre et régulière application des droits de suffrage et de pétition, et adressent, s'il y a lieu, à ce sujet, des observations au Parlement. Ces observations, conçues sous forme de rapport écrit, sont immédiatement communiquées en séance publique, puis insérées au *Bulletin des Communes*.

Art. 212.

Ils s'opposent de la même manière à ce que les députés s'arrogent des privilèges autres que ceux qui leur sont concédés dans l'intérêt du pays par la présente loi statutaire.

Art. 213.

Si leurs observations restent sans effet, ils dénoncent au peuple, par des affiches apposées dans toutes les communes, les faits qui leur paraissent constituer des violations de la Constitution.

Art. 214.

Ils statuent en dernier ressort sur l'annulation des élections.

Art. 215.

Ils servent d'intermédiaire entre les nationaux et le Parlement pour la transmission des pétitions.

Art. 216.

L'assiduité des députés aux travaux du Parlement est également soumise à leur contrôle.

§ 2. — Composition du Comité des Censeurs.

Art. 217.

Le Comité des censeurs se compose de dix membres, non compris les anciens Commissaires généraux de la République.

Art. 218.

Ils sont choisis exclusivement parmi les anciens présidents du Parlement et les citoyens ayant exercé, pendant dix ans au moins, les fonctions de membre du Parlement ou du ministère.

Art. 219.

Ils doivent être âgés de 50 ans au moins.

Art. 220.

Ils sont élus pour dix ans par le Parlement et demeurent rééligibles.

= Le projet, on le voit, veut donner au Comité des censeurs la plus grande fixité possible.

Art. 221.

Les Censeurs élus promettent solennellement, devant le Parlement, d'être les défenseurs fidèles de la souveraineté populaire et de l'égalité politique des citoyens.

Art. 222.

Ils nomment eux-mêmes leur bureau composé au moins d'un président et d'un vice-président.

Toutefois, les anciens commissaires généraux de la République ne peuvent entrer dans la composition de ce bureau.

= On comprend qu'une préférence soit accordée aux membres élus sur les membres de droit. Il est prudent, en outre, de rester en garde contre les entraînements que l'habitude et le goût du pouvoir pourraient occasionner chez les anciens commissaires généraux.

Art. 223.

Tous les Censeurs, indistinctement, sont révocables par le Parlement, mais seulement par un vote de très grande majorité.

Art. 224.

Le président du Parlement chargé du contrôle administratif du Comité des censeurs, est tenu de provoquer le remplacement des Censeurs devenus invalides.

Art. 225.

Les Censeurs ne peuvent exercer en même temps aucun autre emploi.

Art. 226.

Ils n'ont pas de rang officiel. Une tribune leur est toutefois réservée au Parlement, même en cas de comité secret.

Art. 227.

Ils ne peuvent recevoir aucune faveur gouvernementale ni aucune distinction honorifique.

Art. 228.

Leur fonction de Censeur venant à prendre fin, toute autre fonction administrative ou élective leur est interdite.

Art. 229.

Leur résidence est la même que celle du Parlement.

§ 3. — Procédure du Comité des Censeurs.

= Les articles qui vont suivre ont pour objet de bien définir à l'avance et d'une manière générale tout ce qui a trait aux accusations politiques.

En même temps qu'ils fixent la procédure, ils donnent l'énumération des faits qui, en dehors des crimes et délits contre la chose publique, peuvent donner lieu à condamnation, et celle des peines qui peuvent être prononcées.

Puisqu'on est ici en matière pénale, il convient que tout soit bien prévu.

Art. 230.

Toutes les décisions des Censeurs sont prises au nom du Comité. Le président est seulement chargé d'en assurer la notification.

Art. 231.

Elles sont prises à la majorité, le président ayant voix prépondérante en cas de partage.

Art. 232.

Le comité peut faire des enquêtes et des inspections par l'entremise d'un ou de plusieurs de ses membres.

Art. 233.

La publicité du *Journal officiel* et du *Bulletin des Communes* est mise à sa disposition.

Art. 234.

Pour que le comité puisse délibérer, il faut que la moitié de ses membres au moins soit présente.

La présence des deux tiers est nécessaire pour l'appréciation des demandes d'incarcération relatives aux députés et aux ministres.

Art. 235.

Le comité siège au complet, quand il est appelé à examiner une mise en accusation parlementaire.

Art. 236.

Les peines qu'il peut appliquer dans ce cas sont les suivantes :

1° Le bannissement à l'étranger;

2° Le renvoi dans une colonie;

9

3° La privation des droits politiques;
Ces trois peines sont temporaires ou perpétuelles.
4° Le blâme.

Art. 237.

Indépendamment de ces peines, le comité peut infliger des réparations civiles.

Art. 238.

Les faits qui peuvent donner lieu à la mise en accusation parlementaire sont les suivants :

1° Désobéissance aux ordres du Parlement;
2° Atteinte portée à la liberté électorale et au droit de pétition;
3° Malversation, concussion;
4° Révélation d'un secret parlementaire;
5° Infraction aux lois commise dans l'exercice des fonctions parlementaires ou ministérielles, ou à l'occasion de cet exercice;
6° Infractions réitérées (trois fois en un mois) au règlement intérieur du Parlement.

Art. 239.

Le défénseur des accusés ne peut être choisi ni désigné d'office en dehors du Parlement.

= On peut se demander si l'avocat est bien utile alors qu'il n'y a pas d'orateur pour l'accusation et que l'accusé, par cela même qu'il est député ou ministre, est présumé capable de se défendre.

Si l'on y tient, par tradition, il serait plus conforme à la dignité du Parlement de le prendre parmi les collègues de l'accusé, plutôt que d'aller le chercher au Palais, comme ferait un prévenu ou un plaideur ordinaire.

Puisque le Parlement se réserve une juridiction spéciale, en matière disciplinaire et criminelle, il est assez naturel que cette juridiction reste fermée aux hommes de métier qui militent près des tribunaux ordinaires.

Art. 240.

Les arrêts prononcés par le comité ont immédiatement force exécutoire.

TITRE IV.

ACTION PLÉBISCITAIRE DES ÉLECTEURS.

= On appelle ici « action plébiscitaire des électeurs » la manière dont ceux-ci pourraient intervenir, indépendamment de leur droit électoral, pour manifester leur volonté touchant les affaires d'intérêt général.

L'électeur jouit en effet d'un double droit : 1° celui d'élire des représentants. Ce droit est dès à présent réglé; 2° celui d'exprimer ses vues, ses désirs sur toutes les questions politiques. Ce dernier droit qui a pour instrument « la pétition » aboutit au plébiscite.

Tant que la pétition est le fait d'un seul ou de quelques-uns, elle n'est qu'un vœu, qu'un avis; si elle émane de la majorité des citoyens, elle constitue un ordre.

Le droit plébiscitaire est, en réalité, le complément du droit électoral.

Comment s'exercerait-il? Par deux procédés seulement, si l'on approuve le présent projet :

1° Par la pétition. — Le projet en facilite très largement l'usage et en définit précisément la portée, suivant les cas.

2° Par l'emploi du *referendum* en matière de Constitution. — C'est-à-dire que toutes les dispositions nouvelles intéressant le statut national seraient soumises à l'approbation populaire. La Constitution ne peut être comme une charte octroyée par le mandataire ou mandant. Il est naturel que le peuple la fasse sienne en y mettant sa griffe; c'est sa charte à lui. Il est nécessaire qu'il la connaisse bien, qu'il l'étudie, qu'il la contrôle, car il n'a pas d'autre instrument de souveraineté.

= Le projet proscrit absolument le plébiscite par demande et par réponse, la demande étant posée par le gouvernement, la réponse étant faite par le peuple.

Ce moyen d'agir est dangereux. La question posée peut être captieuse. Le moment peut être mal choisi pour la poser.

= En dehors des élections, pour lesquelles un accord avec l'administration est nécessaire, le peuple exprimerait donc ses vœux et volontés, dans la forme qui lui plairait, à l'heure qui lui conviendrait le mieux.

Tel est son droit incontestable, car son autorité est permanente. Mais de ce droit ne découle nullement pour les gouvernements la faculté de l'interroger en le mettant en demeure de se prononcer sur tel ou tel sujet.

Art. 241.

Les électeurs n'interviennent directement dans les affaires politiques du pays que par voie de pétition écrite.

Art. 242.

La pétition est individuelle ou signée par un nombre plus ou moins considérable d'électeurs.

Art. 243.

Quand, dans un espace de temps qui ne dépasse pas trois mois, une pétition est signée par cinq cent mille électeurs, le vœu qui en fait l'objet est obligatoirement soumis à la délibération du Parlement.

= Cinq cent mille électeurs, c'est le vingtième de la masse électorale. Une opinion émise par un nombre aussi considérable de citoyens mérite évidemment d'être examinée.

Mais pour qu'une pareille pétition puisse être considérée comme l'opinion de cinq cent mille citoyens, il est indispensable, non seulement que la formule en soit la même dans tous les feuillets ou cahiers; mais encore que toutes les signatures aient été données au même moment ou à peu près. La concordance est nécessaire pour le temps comme pour l'idée; car un si long intervalle, un intervalle d'un an ou de deux ans, par exemple, s'écoule entre la signature du premier pétitionnaire et celle du dernier, il est possible qu'au moment où ce dernier intervient, le premier ait changé d'avis.

C'est pour ce motif que dans l'article 243 il est question d'un espace de trois mois comme durée efficace d'un pétitionnement en masse. On ne peut exiger en fait la signature simultanée de cinq cent mille électeurs, mais on peut raisonnablement demander qu'il n'y ait pas entre la première et la dernière signature un intervalle de plus de trois mois.

En s'y prenant à l'avance, les comités aidés par la presse, peuvent en trois mois faire pétitionner, non seulement des milliers, mais des millions d'électeurs.

Cette intervention directe du peuple n'est pas encore dans nos mœurs, mais elle pourra s'y introduire, car elle a sa place dans l'évolution logique de la démocratie. Il n'est pas superflu d'y puiser dès à présent.

Art. 244.

Quand, dans ce même espace de temps, une pétition est signée par les deux tiers de l'ensemble des électeurs, le Parlement l'enregistre et lui donne force de loi sans autre formalité.

Art. 245.

Indépendamment des pétitions particulières transmises au Parlement, il est tenu, dans chaque mairie, un registre dit : *Cahier des Pétitions*, sur lequel tous les électeurs de la commune sont admis à écrire ou signer leurs vœux, en justifiant de leur identité.

Une copie de ce registre, certifiée par le maire, est envoyée à la fin de chaque trimestre au comité des Censeurs qui en fait le dépouillement et en transmet à bref délai le résultat au président du Parlement.

= Le droit de pétition doit être d'un exercice facile ; il convient de le mettre, comme le droit d'élection, à la portée du plus humble, car il est appelé à tenir le gouvernement au courant de l'opinion publique.

Avec l'élection, le peuple ne s'exprime que d'une manière détournée. Dans ce cas, en effet, il est forcé de traduire sa pensée par un choix de personne. Or, bien des considérations étrangères à la politique, peuvent entrer alors dans son appréciation. Et parmi les candidatures, il n'en manque pas qui sont, soit ambiguës, soit peu significatives.

Les cahiers déposés dans les communes seraient comme une consultation permanente de l'opinion.

Les citoyens qui y insèreraient leurs vœux et leurs réclamations seraient sûrs d'être entendus, car à chaque trimestre les Censeurs feraient le recensement des manifestations de la volonté nationale.

Aujourd'hui, on entend dire à chaque instant : Le suffrage universel veut ceci. Le suffrage universel veut cela. — La vérité, c'est que la pensée du peuple est énigmatique. Avec les cahiers de pétition, il sera possible d'en débrouiller le mystère.

ART. 246.

Les signatures apposées sur les pétitions directes peuvent être certifiées comme signatures d'électeurs, soit par le maire ou le préfet du domicile politique des signataires, soit par le greffier du tribunal de l'arrondissement où ils sont nés.

= On entend ici par « pétitions directes » celles qui sont adressées directement aux Censeurs, par opposition à celles qui sont insérées dans les cahiers de pétitions.

= Le greffier, détenteur du casier judiciaire, est aussi apte à certifier la capacité électorale que le maire ou le préfet du domicile, détenteurs des listes électorales.

ART. 247.

Il ne peut être posé ni par le Parlement, ni par le Ministère, ni par les Censeurs aucune question mettant les électeurs en demeure de répondre par un vote.

ART. 248.

Néanmoins, les dispositions législatives ayant pour objet une modification quelconque de la présente loi constitutionnelle sont soumises à la sanction populaire.

Les électeurs votent, dans ce cas, par *oui* ou par *non* sur la modification proposée, sans que l'omission de vote donne lieu à aucune déchéance électorale.

ART. 249.

Au-dessus de chaque urne de vote, le texte projeté est mis en regard du texte dont la modification est proposée.

S'il s'agit d'un texte nouveau à ajouter ou d'un texte à supprimer, la mention en est affichée.

ART. 250.

La modification n'est rejetée qu'autant qu'elle est désapprouvée par la majorité des électeurs. Dans le cas contraire, elle est admise, quelle que soit la majorité relative qui l'appuie.

= D'après cet article, qu'on veuille bien le remarquer, la modification constitutionnelle, pour avoir force de loi, n'a pas besoin d'être approuvée par la majorité des électeurs; il suffit qu'elle ne soit pas rejetée par la majorité des électeurs inscrits.

En d'autres termes, l'approbation tacite suffit. Il semble sage de n'en pas demander davantage. Une innovation, toute statutaire qu'elle soit, peut n'avoir pas grande importance aux yeux du peuple, or, dans ce cas, pourquoi forcer tout le corps électoral à se mettre en mouvement?

L'essentiel, c'est que son droit de *veto* soit réservé. En Angleterre, on voit, non pas des ratifications populaires tacites, mais, ce qui est plus extraordinaire, des réélections tacites d'anciens membres du Parlement.

En l'absence de ce *veto* de la majorité absolue des électeurs, ce qui a été solennellement voté par le Parlement serait censé admis et ratifié.

Dans ces conditions, le vote affirmatif n'aurait pas souvent raison d'être. Il serait compté cependant, car il est bon de laisser à l'électeur la faculté de s'exprimer comme il l'entend. De plus, en certains cas, une majorité affirmative pourrait tenir à se compter. Enfin, la faculté de voter dans un sens ou dans l'autre assure le secret du vote.

Art. 251.

Toute modification doit préalablement avoir été votée à la grande majorité dans le Parlement.

= On voit ici l'une des différences établies entre la loi constitutionnelle et les lois ordinaires. Pour une loi ordinaire, l'approbation de la majorité du Parlement suffirait. Pour un projet de disposition constitutionnelle, l'approbation préalable des deux tiers des députés serait exigée.

Art. 252.

En cas de scrutin constitutionnel, les bureaux sont formés comme il a été dit plus haut pour l'élection des délégués électoraux votifs.

Art. 253.

Les opérations de ce scrutin ont lieu sous le contrôle des Censeurs qui en font connaître officiellement le résultat.

Art. 254.

Une modification constitutionnelle rejetée ne peut plus être proposée par les députés avant l'expiration de deux années, à moins que sa proposition ne soit admise à la très grande majorité dans le Parlement.

TITRE V.

DISPOSITIONS TRANSITOIRES.

Article Premier.

La présente loi sera soumise, suivant les formes qui viennent d'être indiquées, à la sanction des électeurs, dans les trois mois qui suivront son adoption par le pouvoir constitutionnel actuel.

Art. 2.

Le Parlement étant constitué, il ne sera procédé au renouvellement de la première série des représentations collégiales, qu'après l'expiration de trois années parlementaires.

= Si une nouvelle Constitution venait à être votée, si en outre un nouveau Parlement conforme au projet ci-dessus venait à être réuni, personne ne se plaindrait de voir suivre cette période de rénovation d'un *statu quo* absolu de trois ans.

Il serait d'ailleurs fâcheux de condamner à l'avance un député sur sept à ne siéger qu'un an.

Art. 3.

Les sénateurs inamovibles, conservant les avantages attachés à leur situation actuelle, seront répartis par le sort entre les collèges électoraux politiques et prendront place à l'avance, comme députés, dans la représentation de ces collèges.

= Les sénateurs inamovibles ont un droit acquis qu'il est nécessaire de respecter. Ce droit acquis ne leur permettrait pas toutefois de s'opposer à la transformation de leurs fonctions. Devenus membres du nouveau Parlement, ils seraient encore législateurs. — Quant à leur traitement, il resterait naturellement fixé au taux actuel, c'est-à-dire qu'il serait inférieur au traitement des députés nouvellement élus. Leur situation en effet doit rester entière. A eux de voir s'il est de leur intérêt ou de leur devoir de la garder ou de la résigner.

Art. 4.

Dans la représentation des collèges pouvant prétendre seulement à trois députés, il n'entrera aucun sénateur inamovible.

Dans celle des collèges pouvant prétendre seulement à quatre députés, il ne pourra en être introduit qu'un seul.

Dans celle des collèges pouvant prétendre à cinq députés, il ne pourra en être admis que deux au plus, et ainsi de suite.

= Le premier paragraphe de l'article 4 est déduit de la règle posée plus haut, en vertu de laquelle trois sièges au moins de représentants élus sont laissés à la disposition des collèges électoraux.

Art. 5.

L'article 13 de la présente loi qui élève à 25 ans l'âge électoral ne s'appliquera pas aux Français qui, au moment de la sanction populaire de la loi, seront au moins entrés dans leur vingt et unième année.

= La loi constitutionnelle, pas plus que les autres lois, ne saurait avoir d'effet rétroactif. Le peuple doit être le premier à respecter les droits légitimement acquis.

Art. 6.

La première représentation nationale, organisée conformément à la présente loi, devra mettre en tête de son ordre du jour :

1° L'organisation détaillée du Conseil de rédaction législative ;

2° L'organisation détaillée du Comité des Censeurs ;

3° La réorganisation du contrôle de la gestion des finances ;

4° La fixation des traitements du lieutenant du Commissaire général de la République, des ministres et des sous-ministres ;

5° La procédure à suivre en matière d'interdiction électorale ;

6° La révision de la pénalité en matière électorale.

= La Cour des comptes actuelle n'entre en possession des pièces de comptabilité que tardivement, et ses vérifications, par suite, ne sont connues que trois ou quatre mois après l'exercice financier. Il y aurait lieu de prendre des mesures pour que son intervention fût plus immédiate, et son travail plus rapide.

Elle gagnerait aussi à être débarrassée du titre de « Cour » et des formes judiciaires qu'elle tient de son origine monarchique. On ne comprend guère pourquoi ses conseillers portent la robe, ni pour quel motif ils donnent des audiences solennelles et publiques.

Son plus grand défaut toutefois consiste en ce qu'elle dépend en grande partie du ministre des finances.

Il n'est pas rationnel en effet que les fonctionnaires chargés de contrôler la comptabilité soient choisis et désignés par le chef des comptables.

C'est au Parlement qu'il appartient de nommer les contrôleurs du budget. Ceux-ci, indépendamment de leur vérification directe, devraient avoir autorité sur les inspecteurs des finances.

Peut-être pourrait-on s'inspirer de ce qui se pratique en cette matière dans les pays du Nord. En Danemark, en Suède et en Norwège, le pouvoir législatif nomme des « réviseurs » salariés en petit nombre, et ceux-ci sont chargés de commencer six mois après chaque exercice leur travail de vérification, aidés par le personnel d'auxiliaires nécessaire. Ces réviseurs rendent compte de leurs opérations au pouvoir qui les a nommés.

Art. 7.

La révision de la pénalité électorale devra assurer l'application des règles suivantes :

1º Les citoyens salariés par l'État (autres que les membres du ministère) qui seront convaincus d'abus d'influence, d'actes de pression, ou autres manquements électoraux, seront soumis à des peines doubles de celles encourues par les autres citoyens;

2º Ils seront, dans tous les cas, justiciables de la cour d'assises;

3º L'action publique pourra, à défaut d'intervention directe, des officiers du Parquet, être intentée contre eux par les délégués d'arrondissement, restés en dehors des jurys électoraux et agissant au nombre de trois au moins. Dans ce cas, le Parquet devra agir comme partie jointe;

4º Dans toutes les affaires électorales soumises à la cour d'assises, la peine applicable sera fixée par les jurés eux-mêmes, dans une délibération spéciale à laquelle les juges prendront part avec voie consultative.

= La « candidature officicielle » est un abus des plus injustifiables. La neutralité absolue est le seul rôle qui convienne en temps d'élections aux agents de la Nation.

On ne saurait donc prendre trop de précautions pour que cet abus soit rigoureusement réprimé.

= Le paragraphe de l'article 7 remettant le soin de fixer la peine des délits électoraux au jury lui-même, esquisse une innovation qu'on ferait bien peut-être d'étendre d'une manière générale à la procédure criminelle.

Art. 8.

Les cas d'incapacité électorale resteront provisoirement réglés par l'art. 15 du décret organique du 2 février 1852.

= C'est-à-dire qu'il y aurait lieu par la suite de réviser ce décret et de faire entrer ses dispositions revues et corrigées dans le corps de la Constitution.

= Ces dispositions transitoires resteraient en dehors du texte soumis à la sanction populaire.

FIN.

TABLE

Saint-Denis. — Imprimerie Ch. Lambert, 17, rue de Paris.

www.ingramcontent.com/pod-product-compliance
Ingram Content Group UK Ltd.
Pitfield, Milton Keynes, MK11 3LW, UK
UKHW022229120726
13694UKWH00002B/769